Bärbel Ludwig

Prophezeiungen für das 21. Jahrhundert

Verlag Peter Erd · München

1. Auflage 1998

Umschlaggestaltung: Ulrich Ehrlenspiel
Umschlagillustration: Franziska Pucher
Illustrationen im Innenteil: Wiltrud Wagner
Satz: Friederike Lutz

ISBN 3-8138-0473-9

Inhalt

KAPITEL 1

Einige Worte vorweg

Schon seit einigen Jahren befindet sich die Menschheit unübersehbar in größten Turbulenzen, die gepaart sind mit einer Aufbruchstimmung. Die Atmosphäre vibriert angesichts deutscher »hausinterner« sowie weltweiter globaler Probleme: Es kriselt in Politik und Wirtschaft; die Natur ist gebeutelt wie noch nie; der christliche Kirchenglaube scheint sich seinem Ende zuzuneigen, östliche Lebensweisheiten liegen im Trend; nationalistische und rassistische Überheblichkeiten wachsen an; die sozialen, zwischenmenschlichen Gefüge zerbröseln; immer mehr Menschen vermissen und suchen eine innere, verläßliche Stütze. Ein Ausweg scheint nicht in Sicht – das bisher gewohnte Lösungsmuster à la Helmut Kohl »Aussitzen« wirkt offensichtlich nicht mehr. Alte Verhaltensstrukturen lösen sich auf, neue sind zwar schon in Sicht und zu spüren, haben aber noch nicht die nötige Kraft, das Alte ganz beiseite zu schieben, um Platz für etwas Neues bereitzustellen.

In der angespannten Situation, in der die Weltlage durcheinandergewirbelt ist, haben Weissagungen Hochkonjunktur. Der Mensch ist auf der Suche nach Sicherheit, Geborgenheit, nach einem schönen, friedlich gestalteten Leben. Genau dies wird in vielen Prophezeiungen für das kommende Jahrtausend angekündigt. Aber nicht nur das, sondern ebenso ein Jammertal, eine Eskalation der heutigen Probleme, wenn sich die Menschen nicht ändern.

Das vorliegende Buch möchte nicht ein weiteres in der langen Reihe derer sein, die die zum Teil schon jahrtausendealten Weissagungen vieler Propheten, Seher und/oder Medien zusammengestellt haben. »Prophezeiungen für das 21. Jahrhundert« erhebt den Anspruch, die charakteristischen und prägnanten prophetischen Aussagen, unsere nähere Zukunft betreffend, zusammenzufassen. Des weiteren stellt es die Frage, die in diesem Zusammenhang immer wieder auftaucht: Gibt es wirklich Weissagungen? Das Resümee: Die Wissenschaft kann mittlerweile zumindest ansatzweise bestimmte Zusammenhänge zwischen Materie und geistiger Ebene erkennen und erklären.

Daß es tatsächlich Personen gibt, die einen Blick in die Zukunft werfen können, davon sind immer mehr Menschen intuitiv, gefühlsmäßig überzeugt; sie brauchen dafür keine »wissenschaftlichen« Beweise.

»Auch ohne täglichen Meditations-Marathon kann man die Welt verändern«

Die wohl wichtigste Frage in »Prophezeiungen für das 21. Jahrhundert« ist die, wie die Menschen verhindern können, daß sich bestimmte Weissagungen erfüllen. Eine ganzheitliche Sichtweise, gefördert durch Denkanstöße, philosophische Einsichten und Weisheiten von Menschen, die einen direkten Draht nach »oben« haben, stehen daher im Mittelpunkt. Dabei vertreten meine Gesprächspartner das jüngere, mittlere und ältere »Semester« – man muß also nicht ausschließlich ein stolzes Alter aufweisen, um erfahren, intuitiv, sensibel und gereift zu sein und auf die innere Stimme hören zu können. Auch sind sie keine buddhistischen Mönche oder weltfremde Yogis, die stundenlang meditieren; sie sind leibliche Menschen »wie du und ich«, mit Schwächen und Fehlern, Zeitgenossen, die mit beiden Beinen im Leben stehen. Ihr entscheidender Unterschied zu den meisten Menschen auf der Erde: Sie hören auf ihre innere Stimme und benutzen sie als Wegweiser durch ihr Leben. Marita Lautenschläger, Medium und Hellseherin aus der nordrhein-westfälischen Kleinstadt Oerlinghausen, hat vor 50 Jahren den Planeten Nexus verlassen und sich auf die Erde inkarniert, um mit der Maniah-Energie die irdische Entwicklung schneller zum Positiven hin zu beeinflussen. Erzengel Michael ist ihre Hauptverbindung nach »oben«.

Der jüngste meiner Gesprächspartner ist der Lichtarbeiter oder Sterngeborene Stefan Herbert, der in der niedersächsischen Hauptstadt Hannover lebt. Er inkarnierte sich aus der fünften Dimension auf die Erde, um den Menschen bei ihrer bevorstehenden schweren Zeit durch Aufklärungsarbeit zur Verfügung zu stehen.

Der älteste ist Dr. Emil Specht. Er wohnt im niedersächsischen Kurort Bad Pyrmont und ist seit vielen Jahren Leiter des »Medialen Forschungskreises Schwalenberg«. Über den medialen Weg steht er mit Ashtar Sheran (sprich: Astar Scheran) in Kontakt und erhält von ihm immer wieder die neuesten Informationen über den Zustand der Erde und seine voraussichtliche Entwicklung.

Lautenschläger und Herbert sehen ebenso wie viele andere Propheten oder Seher voraus, daß die Menschen den Katastrophen, dem göttlichen Läuterungsprozeß gerade noch entgehen können. Specht hat die Information, daß die prophezeiten Naturverwüstungen unabänderlich sind, jedoch können die Menschen rechtzeitig gerettet werden. Allerdings nur unter der Voraussetzung, daß sie sich ändern und ein bewußteres, rücksichtsvolleres und achtsameres Leben führen.

Es wird deutlich: Der Mensch muß den Weg zurück zum göttlichen Ursprung antreten, er muß spiritueller werden, um den Weissagungen entrinnen zu können.

»Je spiritueller, um so verrückter?«

Von Freunden und Bekannten auf das Thema des Buches angesprochen, verspürte ich deren großes Interesse, als sie den Titel »Prophezeiungen für das 21. Jahrhundert« hörten. Als ich weiter erzählte, daß darin Ufos, Sterngeborene oder Durchsagen aus lichten Sphären eine Rolle spielen, vernahm ich häufig ein unausgesprochenes »Die spinnt doch wohl«.

Es mag heute in unserem aufgeklärten Jahrhundert für viele befremdlich sein, wenn jemand über etwas schreibt, das es doch eigentlich gar nicht geben kann, weil es wissenschaftlichen Beweisen (noch) nicht hundertprozentig standhält. Aber es existiert so viel zwischen Himmel und Erde, das man ergründen und erspüren kann, horcht man nur auf die eigene, innere Stimme.

Das haben mir meine Gesprächspartner nicht nur bestätigt, sondern das leben sie auch. Sie benutzen ihre innere Stimme, um sich durch den Dschungel des Lebens leiten zu lassen – selbst wenn sie hin und wieder kleine Umwege gehen und nicht immer sofort auf ihre innere Stimme hören. Das macht sie in meinen Augen menschlich. Deswegen bin ich dankbar, daß ich Herrn Dr. Emil Specht, Frau Marita Lautenschläger und Herrn Stefan Herbert begegnen und während unserer Gespräche an ihren Intuitionen, an ihrem Innersten teilhaben durfte. Und ich bin froh, Menschen zu kennen, die erheblich tiefer in eine spirituelle Welt eingetaucht sind als ich – durch sie konnte ich viel für mein zukünftiges (spirituelles) Leben lernen.

Nur durch einen achtsameren, rücksichtsvolleren Umgang miteinander können die Lebensbedingungen und -verhältnisse auf der Erde verändert werden. Beginnen muß jeder einzelne im kleinen.

Der achtsame Umgang meiner Familie, meiner Eltern und vieler Freunde mit mir während meiner oft stunden-, ja sogar wochenlangen »Schreibtischzeit« hat mich berührt und in mir ein wenig mehr die Hoffnung auf eine neue, rücksichtsvollere Menschheit geweckt. Ihnen gilt mein besonderer Dank.

Kapitel 2

Einleitung

Noch 1894 stellte die deutsche Pazifistin Bertha von Suttner hoffnungsvoll fest: »Das 20. Jahrhundert wird nicht zu Ende gehen, ohne daß die menschliche Gesellschaft die größte Geißel, den Krieg, als legale Institution abgeschafft haben wird.«

Suttners Hoffnungen wurden schon – unmittelbar nach ihrem Tod – mit dem ersten Weltkrieg 1914 relativiert. Der zweite, von Hitler und seinen Hintermännern angezettelte Weltkrieg folgte.

Auch nach den Erfahrungen dieses Holocausts kommt die Welt nicht ohne Konflikte aus; zur Zeit finden auf der Erde 28 registrierte Kriege statt. Und ein Ende ist nicht in Sicht, auch nicht für den Ausklang dieses Säkulums und Millenniums[1].

Schon seit Jahrhunderten gibt es Weissagungen, die einen dritten Weltkrieg, in den auch Deutschland verwickelt sein soll, prophezeien. Treten die Voraussagen ein, so wird es wohl noch einige Jahre dauern, bis der Frieden und ein Goldenes Zeitalter auf Erden tatsächlich Einzug halten können.

Alles nur Hirngespinste?

Bei den einen entsteht eine Gänsehaut, wenn sie die Weissagungen für die nächsten Jahrzehnte hören. Sie beginnen, darüber nachzudenken, ob es nicht doch noch Möglichkeiten gibt, anzuhalten und umzukehren, um einen nächsten Weltkrieg und die gleichzeitig mitprophezeiten Naturkatastrophen irgendwie abzuwenden.

Für die anderen sind das alles nur Hirngespinste irgendwelcher Verrückter, die sich wichtig machen wollen. Propheten sind »Abgebrühte«, die mit apokalyptischen Vorhersagen und der Angst der Menschen spielen, jedoch noch nicht einmal in der Lage sind vorherzusagen, wann genau der dritte Weltkrieg stattfinden soll. Was sollen dann die Weissagungen? Sollen sie Angst und Panik vor der Zukunft schüren oder dafür sorgen, daß sich der Mensch in sein stilles Kämmerlein verkrümelt und nur noch betend darauf hofft, daß der Untergangskelch an ihm vorbeigehen möge?

Alles nur Panikmache?

Die Angst vor der Zukunft boomt – Prophezeiungen sind in; Bücher, Zeitungsartikel und Fernsehsendungen zum Thema Zukunft erscheinen en masse. Kann man mit Weissagungen deshalb ein so gutes Geschäft machen, weil sich unsere Gesellschaft schon seit Jahren in einer tiefen Krise befindet? Die Staatskassen sind leer, die Renten nicht sicher, die Zahl der Arbeitslosen steigt ebenso wie die der Sozialhilfeempfänger, in den Städten herrscht Gewalt, die soziale Sicherheit strebt gegen Null, dafür nehmen die Mentalität »jeder gegen jeden«, das Abschieben von sogenannten Randgruppen und seelische Krankheiten zu. Nicht Nächstenliebe, Toleranz und Verständnis regieren die Welt, sondern das Geld und damit Atomkraftwerke und Castor-Transporte, Rinderwahnsinn und die Gentechnik. Die Natur befindet sich weltweit im Ungleichgewicht: Immer mehr Regenwälder werden abgeholzt, die Zahl der Wüsten wächst, Rohstoff- und Wasserreserven schwinden, Ozeane sind leergefischt und verseucht, die Menschen der Dritte- und »Vierte-Welt-Länder«[2] leiden unter chronischem Hunger und werden, oft ohne ihr Wissen und Einverständnis, für Medikamentenexperimente mißbraucht. Der Reichtum der wenigen und die Armut der vielen wächst, seelische Bedürfnisse werden gestillt mit Hilfe des Konsums, Fanatismus und religiöse Intoleranz, ethnische Konflikte, Rassismus, Gewalt und Nationalismus gehören zur Tagesordnung und verhindern ein offenes Zugehen der Menschen aufeinander – gefragt sind Ellenbogen. Die Menschen des ausgehenden 20. Jahrhunderts stehen vor einem Scherbenhaufen. Wächst deswegen die Hoffnung, daß die Sterne für jeden einzelnen eine positivere Zukunft bereithalten könnten? Gibt es überhaupt noch Hoffnung, daß die Menschen es bis zur Jahrhundert- und Jahrtausendwende schaffen, die gesellschaftlichen, sozialen, politischen, wirtschaftlichen und natürlichen Krisen zu beenden und den prophezeiten dritten Weltkrieg zu verhindern?

Zwar machen uns viele Weissagungen Mut, daß es in der Welt in dreißig Jahren besser aussehen wird als heute. Bevor allerdings die goldenen Jahre einsetzen, müssen wir zuerst, wenn sich die Weltgeschichte so weiterentwickelt wie bisher, durch ein weltweites »Jammertal«, so jedenfalls sehen es die Weissagungen. Die wirtschaftliche Krise wird derart schwierig, daß die sozialen Netze nicht nur in Deutschland reißen. Die Folge ist ein dritter

Weltkrieg, an dem neben Deutschland auch Frankreich, England und Rußland beteiligt sein sollen. Tröstlich zu wissen, daß der Krieg nur drei Monate dauern soll. Es ist kein atomarer Krieg, wenngleich nicht auszuschließen ist, daß atomare Waffen eingesetzt werden. Sein Ende findet er durch eine weltweite Naturkatastrophe, ausgelöst durch einen an der Erde vorbeisausenden Kometen. Ein Drittel der Menschheit wird die Ereignisse nicht überleben.

Bleiben die Fragen, ob man jetzt noch, kurz vor dem Eintreten der Prophezeiungen, Einfluß auf den Lauf der Ereignisse nehmen und gleich auf das goldene 21. Jahrhundert zusteuern kann, ohne den schrecklichen dritten Weltkrieg und die Naturkatastrophen durchleben zu müssen.

Ein Hoffnungsschimmer

Trotz der negativen Weissagung gibt es auch einen leuchtenden Hoffnungsschimmer: eine friedvolle, goldene Ära. Denn nach diesen chaotischen Katastrophen wird nichts mehr sein, wie es war: Wirtschafts- und Konkurrenzkämpfe, Umweltverschmutzung, atomare Bedrohung gehören der Vergangenheit an. Die Erde hat sich umgestaltet, und die politischen, wirtschaftlichen, ökonomischen, religiösen und medizinischen Machtstrukturen sind zusammengebrochen. Die Menschen können neue Lebensschwerpunkte setzen und neue Lebensmodelle entwickeln. Das materialistische, auf Konkurrenz- sowie

Konsumdenken orientierte und egoistische 20. Jahrhundert wird abgelöst vom spirituellen 21., in dem der Mensch sich seines Ursprungs erinnert und seine seelische Verbindung zum Schöpfer festigen wird. Es wird ein Leben der inneren Freiheit, der Achtung und Würde des einzelnen, des gegenseitigen Annehmens und Respektierens, im Einklang mit der Natur, ein Leben in Liebe und Zuneigung prophezeit, es soll ein innerlich und äußerlich friedvolles Leben geben.

Die bevorstehende Umbruchzeit vom Fische- ins Wassermannzeitalter empfinden viele Esoteriker[3] nicht als Weltuntergang, sondern als einen Wendepunkt hin zu einem spirituellen Leben. Nicht zuletzt deshalb, weil sich das irdische Sonnensystem auf seiner Bahn um die Zentralsonne auf diese zubewegt und sich damit in einem Feld stärkster energetischer Schwingungen befinden wird. Dadurch entwickelt sich die Erde in einen Bereich der Feinstofflichkeit hinein. Dies kann, so wird angenommen, nur dann geschehen, wenn die Menschen dafür bereit sind, wenn ihr Bewußtsein die entsprechende seelische Reife aufweist. Große Chancen dafür bietet die Ära des Wassermanns, da sie im allgemeinen als eine Phase der Brüderlichkeit und kollektiven Solidarität angesehen wird.

Verursacht durch die kosmischen Bedingungen, erfährt die Erde eine Kursänderung. Daher soll es in 20 oder 30 Jahren ein besseres Leben geben, egal ob die prophezeiten Katastrophen eintreffen oder nicht. Aber weitermachen wie bisher kann der Mensch nicht mehr – der Eintritt unseres Sonnensystems in den zentralsonnennächsten Sektor verhindert dies. Wir werden durch die kosmischen Schwingungen gezwungen, endlich Verantwortung für uns selbst und für das weltweite Geschehen zu übernehmen; wir werden gezwungen, neue Lebenswege zu beschreiten, freiwillig oder durch Katastrophen.

Somit finden sie entweder statt und sind der Grund, weshalb die Überlebenden danach über eine Rückkehr zu ihrem Ursprung nachdenken und entsprechend handeln, oder die Katastrophen können dadurch verhindert werden, daß die Menschen in der noch verbleibenden Zeit alles daransetzen, sich und die Erde zu retten.

KAPITEL 3

Gibt es wirklich den Blick in die Zukunft?

»Ein Wunder geschieht nicht im Widerspruch zur Natur, sondern im Widerspruch zu dem, was uns von der Natur bekannt ist.« [4]

Der Wunsch, in die Zukunft schauen zu können, existiert wohl so lange, wie es Menschen gibt. Schon immer war es das Bestreben vorauszuschauen in der Hoffnung, die Zukunft zu kennen und sie zu beeinflussen; sie, noch bevor sie begonnen hat, gestalten zu können. Der Blick in die Zukunft ist wohl auch deshalb so interessant und spannend, weil sie etwas Verborgenes, noch Unergründliches für die Menschheit bereithält. Die Gegenwart wird erlebt mit all ihren Höhen und Tiefen, die Vergangenheit kann in die Gegenwart transportiert werden durch Niedergeschriebenes und mündliche Überlieferungen. Aber die Zukunft? Sie hat nichts von alledem. Durch Weissagungen oder Vorhersagen kann man sich allerdings davon ein Stück in die Gegenwart holen.

Selbst in unserem aufgeklärten Jahrhundert glauben knapp 40% der Deutschen, daß die Zukunft vorhersehbar ist, und wenn es sein muß, würden sie sich auch an einen der ca. 6.000 bundesweit tätigen Astrologen wenden. Weissagungen sind gesellschaftsfähig geworden, obwohl viele nicht wirklich davon überzeugt sind, daß die Zukunft vorherbestimmbar ist. Schließlich haben die »Zeugen Jehovas« den Weltuntergang schon mehrere Male vorhergesehen, aber die Menschen haben ihn immer wieder »überstanden«. Wieso sollten dann Weissagungen über einen dritten Weltkrieg, Polsprung, giftige Staubwolken eines Kometen und Naturkatastrophen zum Ende dieses Jahrhunderts und Jahrtausends eintreffen?

Gleichzeitig überkommt uns ein kalter Schauer, wenn ein uns völlig unbekannter Hellseher in unsere persönliche Vergangenheit zurückgeht, darüber berichtet und mit dem, was er sagt, sogar recht hat. Trotzdem bleibt die Tatsache, daß es zahlreiche Vorhersagen gibt, die erst im nachhinein geschrieben wurden, passend zugeschnitten auf ein vorangegangenes Ereignis. Nachträglich »vorherzusehen«, das dürfte kein Kunststück sein. Natürlich gab es immer Propheten, die in Wirklichkeit keine waren; aber sollte man allein aus Angst, an einen Scharlatan zu geraten, alle Weissagungen mit einer Handbewegung vom Tisch wischen?

Seriöse Hellseher wollen sich mit ihrer Vorhersage nicht beweihräuchern oder sich daran bereichern, sie wollen lediglich ihre Ahnungen rechtzeitig ins Bewußtsein fördern. Sie stellen ihre Sehergabe zur Verfügung, um zu warnen, aber nicht, um jemanden zu bestimmten Handlungen zu zwingen.

Was sind Weissagungen, woher kommen sie, wie entstehen und funktionieren sie?

Im Lexikon liest man unter »weissagen«: »Die Zukunft aufgrund göttlicher Erleuchtung verkünden«. Eine Weissagung geschieht somit aus göttlicher Inspiration heraus, die ein Seher bewußt durch Trance sucht, oder er wird spontan von einer Vision erfüllt oder erfaßt.

Griechische Prophetinnen sahen mit Hilfe Apollos – ihrem Gott der Weissagung, des Lichts und der Sonne – in die Zukunft und wollten so Einfluß nehmen auf das private, politische und öffentliche Leben. Ägyptische Priester und römische Priesterinnen boten schon im Altertum ihre »vorhersehenden« Dienste an. Im Alten Testament sind zahlreiche Voraussagen durch Propheten wie Hesekiel, Daniel oder Jeremia festgehalten; im Neuen Testament beschreibt die Offenbarung des Johannes nicht nur schwierige künftige Ereignisse, sondern berichtet auch über Siege und Freuden. Neben den religiösen Propheten, die, erleuchtet und beauftragt, das Sprachrohr ihres Gottes sind, und Marienerscheinungen gibt es noch nichtreligiöse Weissager – der bekannteste von ihnen ist wohl Nostradamus – sowie Durchsagen (channelling). Auf der Liste derjenigen, die sich mit einem erkauften Blick in die Zukunft einen Vorteil verschaffen wollten, erscheinen über die Jahrtausende hinweg einfache Bürger, Heerführer, Könige und Tyrannen, bis hin zu modernen Politikern.

Nach Jan van Helsing sind Weissagungen »Ereignisse, bei denen Menschen verschiedenster Herkunft, Alters und Abstammung, ja sogar verschiedenster Zeiten, Dinge visionär oder intuitiv erfaßt haben, für die es an und für sich keine ›schulwissenschaftliche‹ Erklärung, keine Recherchen, keine Quellenangaben und keine Beweise gibt. ... Und etwas, für das es keine Beweise und keine logischen und erklärbaren Schlüsse gibt, wird von der

Mehrzahl der Bewohner der westlichen Welt nicht beachtet.«[5]

Werden wir festgelegt durch den Blick in die Zukunft?

Kann man in die Zukunft sehen, worin liegt dann der Lebenssinn, wenn alles, sogar das kleinste Ereignis, festgeschrieben ist in »Gottes dickem Buch«, wenn alles von der Zeugung bis zum Tod geplant ist? Haben die Menschen dann überhaupt noch die Möglichkeit, ihr Leben selbst zu bestimmen und zu beeinflussen, oder sind sie ausschließlich göttliche Marionetten? Hat der »Schöpfer« die Menschen nicht auch mit einem freien Willen versehen, mit der Pflicht und dem Recht, sich zwischen Gegensätzen zu entscheiden, zwischen Gut und Böse, Krieg und Frieden, Zerstörung und Heilung? Ist es nicht der Mensch, der entscheidet, ob der Regenwald abgeholzt und Indianer ihrer Lebensgrundlagen beraubt werden, ob er tatsächlich auf die Atomenergie angewiesen ist oder ob es nicht naturschonendere und natürliche, in den nächsten Jahrtausenden nicht versiegende Alternativen gibt, wie die Sonnen- und Windenergie?

Jakob Lorber, der sozusagen mit der Stimme Jesu Christi seine Visionen aufschrieb, würde darauf folgendermaßen antworten: »Bei der vollen menschlichen Willensfreiheit kommt es auf dieser Erde zunächst darauf an, was die Menschen selbst wollen und wie sie danach handeln. Ich kann euch im voraus als bestimmt nur sagen, daß über euch dies oder jenes kommen wird, wenn ihr so oder so wollt oder handelt. ... Weiß ich auch, was in der Folge geschehen wird, so darf ich dennoch nicht hindernd dazwischentreten mit meiner göttlichen Allmacht. Täte ich dies, so hörte der Mensch auf, ein Wesen mit freiem Willen zu sein und wäre nur eine belebte Maschine.«[6]

Nach Gottes Willen soll und muß der Mensch also selbst entscheiden. Wenn jedoch jeder über sich und sein Handeln spontan und individuell entscheidet – mit allen von ihm zu tragenden Konsequenzen, wenn Zukunft also veränderbar ist, können dann Weissagungen überhaupt funktionieren?

Offensichtlich ja, denn in indischen Palmblätterbibliotheken[7] wurde schon vor 5.000 Jahren die Zukunft all derjenigen Menschen festgehalten, die diese Bibliotheken jemals aufsuchen werden. Und beweisen nicht die vielen bisher eingetretenen Vorhersagen, daß es möglich ist, richtig zu prophezeien? Es gibt viele Weissager, die den 1. und 2. Weltkrieg »angekündigt« haben, auf die jedoch kaum jemand hörte. Die Weltkriege fanden trotzdem statt. Die gleichen Propheten sehen für den Jahrtausendwechsel wiederum einen Krieg voraus, der beendet werden soll durch einen Polsprung, der durch einen Kometen hervorgerufen wird, gefolgt von Naturkatastrophen, giftigen Staubwolken und einem anschließenden Goldenen Zeitalter. Sollten diese Vorhersagen ein weiteres Mal mißachtet werden? Natürlich, die Deutschen wiegen sich nach 50jährigem Frieden in Sicherheit und glauben, daß alles so weitergehen wird wie bisher;

schließlich paßt ein neuer Krieg nicht in ein etabliertes und durch Renten, Krankenkassen und sonstige Versicherungen abgesichertes Lebenskonzept. Es kann nicht sein, was nicht sein darf.

»Seit jeher neigt man dazu, ein erstaunliches Vorkommnis, dessen Kausalität verborgen blieb, als ›Wunder‹ zu bestaunen.«

Rudolf Passian

»Auch Gedanken sind nicht sichtbar – trotzdem existieren sie.«

Nur weil viele keine Erklärung dafür haben, wie Weissagungen funktionieren, bedeutet das nicht, daß sie nicht beachtenswert oder vielleicht gar nicht vorhanden sind. Wir erfassen und begreifen unsere Welt mit unseren fünf Sinnen – hören, riechen, schmecken, sehen und fühlen. Damit können wir längst nicht alles erkennen, was wirklich existiert. Eine Fledermaus orientiert sich in der Dunkelheit durch ihre ausgesandten und reflektierten Schallwellen außerhalb unserer Wahrnehmung im Ultraschallbereich. Pottwale besitzen Ultraschallohren, mit denen sie in bis zu 2.000 Meter Meerestiefe ihr Leib- und Magengericht, eine Riesenkrake, aufspüren können. Mit Hilfe des Sinnes für Luftdruck sind Mauersegler in der Lage, Regengebiete weiträumig zu umfliegen und mehrere hundert Kilometer entfernte Schönwettergebiete aufzustöbern. Unterschiedliche Sinne, unterschiedlich ausgeprägt, und schon ist das Empfinden für bestimmte Ereignisse unterschiedlich. Ist es nicht gerade deshalb möglich, daß es Dinge gibt, die dem Menschen ungewöhnlich vorkommen, nur weil er sie nicht erfassen kann?

Wissenschaftliche Theorien lassen Prophezeiungen in neuem Licht erscheinen

Naturwissenschaftler, Physiker, Biologen, Mathematiker oder Chemiker, die am Ganzheitsbild der Erde und des Universums forschen, sind noch längst nicht am Ende ihrer Arbeiten angelangt. Noch ist völlig unbekannt, wie sich das universelle Bild gestaltet, wie es aussieht, wie die einzelnen Teile auf der Erde und im Kosmos miteinander verflochten sind. Daher können die Erscheinungen, die ich in diesem Buch anspreche, auch nur einige winzige Mosaikstückchen des Gesamtbildes sein.

Ein einheitliches Erklärungsmuster, wie Vorhersagen funktionieren, gibt es noch nicht, obwohl Denk- und Erklärungsmodelle vorhanden sind. Denn durch Einsteins Relativitätstheorie, die Chaostheorie oder die holistische Interpretation der Quantenphysik hat die Naturwissenschaft in den letzten Jahrzehnten einen gewaltigen Sprung nach vorne gemacht, so daß heute viele Wissenschaftler für zahlreiche, auch »unglaubliche« Phänomene zwischen Himmel und Erde Verständnis aufbringen.

»Über alle Grenzen miteinander verquickt: Zeit und Raum«

Mittlerweile, so scheint es, ist klar: Der Blick in die Zukunft ist verknüpft mit der Zeit.

Albert Einstein hatte in seiner allgemeinen Relativitätstheorie festgestellt, daß es Zustände gibt, in denen die Materie und, damit verbunden, die Zeit nicht immer den Newtonschen Gesetzen der mechanischen Physik folgen. Daher sind Zeit und Raum keine selbständigen Einheiten, sondern sie bedingen sich, da sie untrennbar miteinander verbunden sind: Blicken wir nach oben in das Weltall, sehen wir zugleich in die Vergangenheit. Diese Abhängigkeit zwischen Raum und Zeit bezeichnete er als Raumzeit.

»Weil man also annehmen muß«, interpretiert Armin Risi, »daß es im Universum Materiezustände gibt, die nicht den irdisch begrenzten Gesetzmäßigkeiten unterstehen, muß man auch den logischen Schluß ziehen, daß dort der Raum und die Zeit von ganz anderer Qualität sind als der Raum und die Zeit auf der Erde.«[8]

Somit verstreicht die Zeit für jeden Beobachter unterschiedlich schnell, im Universum läuft sie anders ab als auf der Erde. Auf dem Mond wird in einer anderen Zeiteinheit gerechnet, und auf dem Mars gilt eine weitere Zeitrechnung. Ein Tag sind dort 24,36 Stunden. Würde eine Raumkapselbesatzung bei nahezu Lichtgeschwindigkeit eine Hin- und Rückfahrkarte für 50 Jahre Weltall buchen, so betrüge die Gesamtdauer ihres Fluges für die zurückgebliebenen Erdbewohner 420.000 Jahre.

Risi glaubt, daß es, wie schon in den vedischen Schriften[9] erklärt, im Universum »höherdimensionale Welten gibt, in denen die Zeit relativ langsamer abläuft als auf der Erde. ... Aus der Sicht der Erde jedoch scheint in diesen Dimensionen die Zeit fast stillzustehen. Die vedische Physik weist auf die Ursache dieser Raum-Zeit-Relativität hin: die multidimensionale Natur des Universums. Nicht nur in superschnellen Raketen läuft die Zeit (im Vergleich zur Erde) langsamer ab, sondern auch auf den materiellen Dimensionsebenen mit höherer Schwingungsfrequenz (= geringere Verdichtung).«[10]

Es ist also wichtig, wie und wo die Zeit gemessen wird, da sie abhängig vom Bewegungszustand des Systems ist, in dem gemessen werden soll. Das heißt: In unterschiedlichen Systemen laufen die physikalischen Prozesse verschieden schnell ab – ist die Materie, der Raum dicht, so verstreicht die Zeit langsam, wie auf der Erde. Ein Jahr in höheren, weniger dichten Ebenen bedeutet auf der Erde Tausende oder vielleicht Millionen von Jahren.

Zeit und Raum – für Yesudian und Elisabeth Haich eine philosophische Sichtweise: »Der Geist triumphiert über Zeit und Raum, weil er von Gott stammt und ewig ist. Der Mensch besitzt die Möglichkeit, die Zeit nach Belieben zu lenken und die Dauer einer (Krankheits-)Heilung zu verkürzen oder sogar seine Lebensdauer zu verlängern. Genauso kann er die Herrschaft über den Raum gewinnen, wenn er seine telepathische Fähigkeit zur Entfaltung bringt. Er kann sich hier- und dorthin projizieren, wann und wohin er will. Die Gefangenschaft der Zeit und des Raumes kann für den Menschen schon hier auf Erden aufhören.«[11]

»Die holographische Sicht – eine Illusion, die real ist.«

Weiter schließt sich der Kreis durch den Physiker und Denker David Bohm. Er betrachtet das gesamte, aus kleineren Universen bestehende Universum als ein Hologramm, bei dem alles, was existiert, lediglich die Wiedergabe einer bestimmten Wirklichkeit ist, und zwar sowohl was die materielle Welt als auch was die Bewußtseinswelt betrifft. Erst durch die Entdeckung des Laserstrahls ist es möglich geworden, ein holographisches Bild zu erstellen. Eine Holographie ist eine mehrdimensionale Illusion, die aus der Überlagerung von Lichtwellen entsteht. Sie enthält alle visuellen Informationen über das gesamte gespiegelte Objekt, wobei gleichzeitig jeder Teil mit den anderen Teilen energetisch verbunden ist und jedes noch so kleine Stückchen die Information des Ganzen enthält. »In einem so wechselseitig verbundenen Universum, wo sich die Grenzen von Raum und Zeit auflösen, ist die Frage nach dem Standort des Bewußtseins, des Geistes zweitrangig – es kann sich überall aufhalten, wo es sein möchte.«[12]

Für Rainer Holbe sind Vergangenheit, Gegenwart und Zukunft in solch einem Hologramm festgeschrieben, wobei die Zukunft noch veränderbar sein soll: »Das holographische Weltbild postuliert, daß Universen unterschiedlichster Dichte und Schwingungen einander durchdringen und daß aus dieser Tatsache auch Zeitsprünge – wie die Präkognition – erklärt werden können. Solche Phänomene sehen vor, daß die Vergangenheit nicht endgültig verloren ist, sondern in einigen Formen, die der menschlichen Wahrnehmung zugänglich sind, noch immer existiert. So irritierend diese Vorstellung ist, sie verblaßt neben der Erkenntnis, daß die Zukunft im kosmischen Hologramm ebenfalls vorhanden ist. Jedenfalls gibt es zahllose Belege dafür, daß zumindest einige künftige Ereignisse ebenso leicht wahrzunehmen sind wie vergangene. ... Wichtig ist jedoch zu wissen, daß es viele holographische Gebilde gibt, die in raum- und zeitlosen Gewässern treiben, einander umkreisen und durchdringen. Die Struktur jedes dieser holographischen Universen ist festgelegt.

Wenn ein Mensch jedoch einen Blick in die Zukunft wirft, klinkt er sich nur in die Zukunft eines bestimmten Hologramms ein.«[13] Bei einer Weissagung begibt sich der Mensch dorthin, wo sich alles, jegliche Erfahrungen, Gedanken, Gefühle und sämtliches Wissen der Menschen verborgen halten.

»Morphogenetische Felder – Sammelbecken aller gemachten Erfahrungen«

Unterstützt wird dieses Gedankengebäude durch die Theorie morphogenetischer Felder[14], die der Biologe Ruppert Sheldrake aufgestellt hat. Somit steht jedes Lebewesen mit seinen anderen Artgenossen über das morphogenetische Feld in Kontakt, ohne Rücksicht auf Raum und Zeit. Jede gemachte Erfahrung ist dort aufbewahrt und bildet eine Art gemeinschaftliches Gedächtnis der Natur, das sämtliche Informationen der menschlichen Geschichte wie auch der gesamten Evolution gesammelt hat.

Ein Experiment soll Sheldrakes Theorie verdeutlichen: Versuchsmäuse in einem Käfig mußten durch ein ihnen unbekanntes Labyrinth, um an ihr Futter zu kommen. Die ersten Mäuse benötigten dazu viel mehr Zeit als die vierte, fünfte oder gar zehnte nachfolgende Mäusegeneration, die mittlerweile recht flink den Ausgang durch das Labyrinth fand. Ein anderer Wissenschaftler, der von diesem Experiment gar nicht überzeugt war, wiederholte es an einem anderen Ort der Erde mit Mäusen, die mit den vorherigen in keiner verwandtschaftlichen Beziehung standen. Das Ergebnis verblüffte und überzeugte ihn: Seine Mäuse fanden den Weg genauso zügig wie die letzte Mäuse-Generation der vorherigen Experimente, d.h. Lernen über Vererbung schied als Erklärung aus.

Zusätzlich hatte man festgestellt, daß – wie die Mäuse – unterschiedliche Menschen völlig unabhängig und ohne Wissen voneinander an unterschiedlichen Orten fast zum gleichen Zeitpunkt dieselben bahnbrechenden Einsichten hatten: »Simultane Einsichten hat es auch in der Wissenschaft selbst gegeben; zu den berühmtesten zählen die gleichzeitige, voneinander unabhängige Entdeckung der Infinitesimalrechnung durch Newton und

Leibniz, die Ausarbeitung der grundlegenden Mechanismen der biologischen Evolution durch Darwin und Wallace, die Erfindungen des Telefons von Bell und Grey im gleichen Zeitraum.«[15]

Es scheint so, als wären alle positiven und negativen Handlungen und Gedanken über die morphogenetischen Felder im menschlichen Gehirn gespeichert und jederzeit abrufbar. Die Kritik an Sheldrakes Behauptungen: Zwar könnten mit dieser Theorie mehrere wissenschaftliche Grundfragen erklärt werden, aber Sheldrake lege nur Hypothesen, eine Denkmöglichkeit und keine Beweise auf den Tisch.[16] Vielleicht ist Sheldrakes Gedankengebäude der morphogenetischen Felder noch nicht hundertprozentig »wissenschaftlich« abgesichert ... aber muß es deswegen falsch sein?

Mit den neuesten Erkenntnissen in den Naturwissenschaften ist es offensichtlich möglich, den Blick in die Zukunft zu erklären. Man könnte sich also vorstellen, daß ein Weissager die besondere Gabe besitzt, das gemeinschaftliche irdische Magnetfeld anzuzapfen und vor seinen Augen die Vergangenheit, deren Ursachen und die möglichen Auswirkungen, die mögliche Zukunft ablaufen zu lassen.

Neu gestaltete Gegenwart bewirkt eine andere Zukunft

Wenn man daran denkt, welche Zukunft in den nächsten Jahren eventuell auf uns wartet, dann wollen viele am liebsten gar nicht hinhören, getreu dem Motto: »Was ich nicht weiß, macht mich nicht heiß.« Allerdings wird die Zukunft nicht durch Nichtwissen und Ignoranz verhindert, da sie auch dann auf den morphogenetischen Feldern gespeichert ist. Weiß man jedoch, was ansteht, dann hat man auch die Möglichkeit, darauf zu reagieren, bewußt über Veränderungen nachzudenken und entsprechend zu handeln. Denn Prophezeiungen, darauf hat selbst Nostradamus hingewiesen, müssen sich nicht unausweichlich erfüllen. Dies hängt stark von der Einstellung und den Reaktionen der Menschheit zu den Weissagungen und deren vorausgehenden Ereignissen ab.

Ein chinesisches Sprichwort sagt: »Achte auf deine Gedanken! Sie sind der Anfang deiner Taten.« Gedanken, ob positiv oder negativ, entstehen nicht von selbst, sondern wachsen durch für uns nicht sichtbare Kräfte und geistige Energien. Aus Gedanken entstehen Worte und Taten, sie durchdringen alles und kehren irgendwann, vielleicht in anderer Form, zu demjenigen zurück, der sie ausgesandt hat. »Was man sät, das erntet man auch.« Der Mensch kann also nichts tun, nichts aussprechen, ohne daß es Folgen hat; alles gründet sich auf vorhergegangene Gedanken, Taten und Worte.

Nach der Theorie von Sheldrake liegen die Ursachen der Zukunft, die zugleich die Grundlagen von Weissagungen sind, in den Handlungen aller Lebewesen und deren Wirkungen, die untrennbar miteinander verwoben sind. »Es ist die Gesamtheit unserer bisherigen Taten – das Resultat der durch uns in Bewegung gesetzten Kräfte«[17], wie Yesudian und Elisabeth Haich zusammenfassen. Nur haben die Menschen längst vergessen, welche Handlungen die Kette der künftigen Geschehnisse verursacht haben könnten. Da die Zukunft immer in der Gegenwart gestaltet wird und da man sich mit Hilfe von Weissagungen die Zukunft ins Hier und Jetzt holen kann, ist es möglich, die alte Folgenkette zu unterbrechen und eine neue in Gang zu setzen, denn: Jedes Teil im Universum wirkt sich auf jedes andere Teil im Universum aus. »Demnach sind wir, ob es uns gefällt oder nicht, keineswegs nur für die Gesundheit und das Wohlergehen unserer Mitmenschen sowie für das ökologische Gleichgewicht von Flora und Fauna verantwortlich, sondern für alles Geschehen in der Natur.«[18]

Verändertes Bewußtsein bricht mit der Vergangenheit

Das menschliche Bewußtsein, das die künftigen Ereignisse hervorbringt, müßte sich also ändern, sollen ein neuer Krieg, Polsprung, giftige Staubwolken eines Kometen und Naturkatastrophen verhindert werden. Je mehr positive Gedanken sich in der geistigen, energetischen Dimension entwickeln und in den morphogenetischen Feldern abgespeichert werden, um so eher und stärker werden diese Gedanken von anderen Menschen angenommen und tragen dazu bei, das Eintreffen der Ereignisse abzuwenden. All das, was ein Mensch tagtäglich denkt, glaubt, fühlt, beeinflußt das Unterbewußtsein und prägt seine Persönlichkeit, gestaltet sein eigenes Leben, seine eigene Zukunft, über das morphogenetische Feld aber auch die Zukunft der ganzen Menschheit und des Erdballs.

Prophezeiungen sind offensichtlich nichts Unveränderliches. Sie sind Voraussagen, die zugleich eine Warnung enthalten können. Weissagungen zeigen sehr wahrscheinliche Ereignisse in der Zukunft an, unter der Voraussetzung, daß der einmal eingeschlagene Weg weitergegangen wird. Sie sollen bewirken, daß der Mensch aufwacht und sein Leben und Verhalten gegenüber anderen Menschen, Tieren, Pflanzen und Mineralien überprüft. Notfalls muß er sein Handeln ändern. So legt er die Basis für neue Ursachen, die neue Wirkungen nach sich ziehen. Die Vorhersage trifft nicht mehr ein; mehr wollte der Prophet mit seiner Weissagung nicht erreichen.

Das hat nichts mit einem Wunder zu tun, sondern damit, daß es viele Dinge zwischen Himmel und Erde gibt, die bisher wissenschaftlich nicht endgültig bewiesen werden konnten oder die in wissenschaftlichen Studien noch nicht veröffentlicht wurden, obwohl sie vorhanden sind. Vieles, was die Wissenschaft weiß, soll die Menschheit nicht erfahren, weil das alte Weltbild in Frage gestellt werden könnte.

Mit recht harten und deutlich kritisierenden Worten geht Ashtar Sheran[19] mit den Wissenschaftlern ins Gericht: »Ihr erforscht jede Seuche, untersucht den größten Unrat und weder die Gefahr noch der Ekel schrecken euch davor zurück, den kleinsten Vorgang einer Mikrowelt zu erforschen, um das wirkende Gesetz zu ergründen. Ihr forscht im Grobstofflichen; doch alle Vorgänge, die das Leben in euch selbst betreffen, werden mit einer unbegreiflichen Scheu und Lächerlichmachung verneint und abgewiesen.«[20]

Kapitel 4

Die Wende – Chance und Zwang

Das Ende des einen und der Beginn des anderen Zeitraumes in Sicht?

Im Zusammenhang mit der Jahrtausendwende wird immer wieder von dem bevorstehenden Wechsel des Fische- in das Wassermannzeitalter gesprochen. Finden die prophezeiten Veränderungen deshalb statt, weil wir zwischen dem 31.12.1999, 24.00 Uhr, und dem 1.1.2000, 0.00 Uhr, gleichzeitig einen Jahres-, einen Jahrzehnt-, einen Jahrhundert- und einen Jahrtausendwechsel haben? Natürlich denkt der Mensch in solchen Zeiten besonders über die Vergangenheit nach und hat Angst vor der Zukunft. Aber das verstärkte Interesse an esoterischen Gedanken und Lebensweisen, das seit ungefähr 30 Jahren zu beobachten ist, hat wohl wenig mit Zukunftsangst zu tun, sondern mit dem Bewußtseinswandel, der den Übergang von einem Zeitalter zum nächsten kennzeichnet. So verwundert es nicht, daß sich gerade in den letzten Jahren des ausgehenden Jahrtausends die Menschen verstärkt mit esoterischen Gedanken beschäftigen.

Keine der mir bekannten Weissagungen behauptet, daß mit Beginn des Jahres 2000 ein nächster Krieg ausbrechen und ein Polsprung, gefolgt von Naturkatastrophen, stattfinden wird. Nicht genau im Jahre 2000, aber um dieses Datum herum.

Der Wechsel vom Jahr 1999 zum Jahr 2000 findet auf dem Kalender der christlichen Zeitrechnung statt, wobei man heute davon ausgeht, daß Jesus im Jahre acht oder sieben vor unserer Zeitrechnung geboren wurde. Damit hätten wir das Jahr 2000, vor dem viele solche Angst haben, schon seit einigen Jahren hinter uns gelassen – ohne die schrecklichen Weissagungen. Zudem denken die nichtchristlichen Religionen, Buddhismus, Judentum, Islam gar nicht daran, in zwei Jahren einen Jahrtausendwechsel zu feiern.

Aber trotzdem liegt etwas in der Luft: Die gesamte Erdbevölkerung befindet sich am Ende eines bestimmten Zyklus, der Anlaß zur Sorge geben könnte: Unser Sonnensystem[21] bewegt sich durch das Universum, wo es zyklisch von der Zentralsonne, anderen Planeten und kosmischen Strömen beeinflußt wird, so wie unsere Zeit kreisförmig und damit zyklisch gestaltet ist. Es gibt den Zyklus der Minute, der Stunde, des Tages, der Woche, des Monats, des Jahres, und es gibt in den Weiten des Kosmos die Zyklen des Weltenmonats und Weltenjahres.

Ein Weltenjahr, auch platonisches, siderisches, großes oder kosmisches Jahr genannt, umfaßt ungefähr 26.000 irdische Jahre. Während eines Weltenjahres umkreist unser Sonnensystem in einer ellipsenförmigen Bahn die Zentralsonne, die auch als Schwarze Sonne bezeichnet wird. Diese Umlaufbahn wird seit jeher in zwölf Teile, die Tierkreiszeichen, gegliedert. Unser Sonnensystem benötigt etwa 2.160 Jahre oder einen Weltenmonat, um ein Tierkreiszeichen zu durchwandern. Zur Zeit befinden wir uns an der Schwelle vom Fische- in das Wassermannzeitalter.

Da die irdische Umlaufbahn in zwölf gleiche Teile geteilt wurde, jedes Tierkreiszeichen aber durch eine unterschiedlich große Anzahl von Sternen unterschiedliche Ausmaße annimmt, kann der Übergang von einem Tierkreiszeichen in das nächste nicht exakt angegeben werden. Aber klar ist: Das Wassermannzeitalter kündigt eine Ära »der Brüderlichkeit und des Friedens an, in dem die christliche Religion abgelöst werden soll durch ein ›New Age‹ , ein Neues Zeitalter, das auf einer Synthese universeller religiöser Prinzipien basiert«.[22]

»Die Erde begibt sich in das stark energetische Schwingungsfeld der Zentralsonne«

Die anstehenden und prophezeiten Veränderungen werden also weniger durch Christi Geburt beeinflußt als vielmehr durch die kosmischen Konstellationen, die auf der einen Seite eine Periode des »Schlafes« bewirken, auf der anderen eine Periode der Bewußtseinserhöhung. Letzteres ist im nun beginnenden Tierkreiszeichen Wassermann der Fall: Da sich unser Sonnensystem wegen seiner elliptischen Bewegung zweimal während seines Umlaufs nahe auf die Zentralsonne zubewegt, wird die Erde in diesem bestimmten zentralsonnennächsten Sektor von dieser stärker beeinflußt als während des vorangegangenen Weltenmonats, den »Fischen«, wo sie sich von der Zentralsonne entfernte. Diese Zone der hohen Strahlung wird auch als Photonenring bezeichnet.

Die Zentralsonne wird häufig mit einer spirituellen Kraft- oder Lichtquelle verglichen; von dort soll eine hohe, göttliche Strahlung, das heißt eine starke energetische Schwingung, auf unser Sonnensystem und somit auch auf die Erde wirken. Je höher diese Grundenergie ist, um so wohler fühlt sich der Mensch, um so liebe- und verständnisvoller geht er mit sich und seiner Umwelt um. Ist diese Schwingung jedoch niedrig, wie im Fischezeitalter, verursacht diese Strahlung auf der Erde Depressionen, Geiz, Neid oder Haß.

Etwas physikalischer drückt es Snow aus: Während des Wassermanns taucht die Erde in ein kosmisches Strahlengebiet ein, wodurch das Potential der elektromagnetischen Energie auf der Erde gesteigert wird. Die Folgen: Die Erde erwärmt sich, dies führt zu verstärkten geophysikalischen Umwälzungen mit Vulkanausbrüchen, Erdbeben, Überschwemmungen oder zum Entstehen und Verschwinden von Landmassen. Und vielleicht auch zu einer Veränderung der Pole. »Schließlich wird die Erdverschiebung die Energiefelder aller lebenden Organismen der Erde, einschließlich der Menschheit, verändern und die Entfaltung parapsychischer[23] Fähigkeiten und Kräfte begünstigen. Nur Organismen, die sich an derartige höhere Schwingungswerte anpassen können, werden in materieller Form überleben.«[24]

Die hohen energetischen Strahlungen, die von der Zentralsonne ausgehen, bewirken, daß die Schwingungsfrequenz der Erde angehoben und gleichzeitig das menschliche Bewußtsein im positiven Sinn beeinflußt wird.

»Mit positiven inneren Werten wird die Erde geheilt«

Positive Gedanken verursachen eine höhere Schwingungsfrequenz als negative.Je mehr Menschen schon heute positive Gedanken haben, um so eher und schneller hebt sich die Erde auf eine andere, eine höhere Schwingungsebene an, da durch die verstärkt wirkende höhere Schwingungsfrequenz die Temperaturen der Erde ganz allmählich ansteigen. Tritt sie nun in den Photonenring, erfährt sie, weil sie sich selber erwärmt und somit nach und nach an die Temperaturen der zentralsonnennächsten Zone angeglichen hat, keinen abrupten Temperaturanstieg; dieser wird eher gleitend-sanft ausfallen.

Dadurch sollte es möglich sein, die starken geophysikalischen Veränderungen zu verhindern, die zum einen verursacht werden durch das über Jahrtausende angesammelte irdische Negative, das eine geringe Schwingungsfrequenz der Erde hervorruft, und zum anderen durch den Eintritt der Erde in den zentralsonnennächsten Sektor oder Photonenring. Gleichzeitig kann die Erde Stück für Stück wieder geheilt werden.

Der weitere Nebeneffekt: Durch das veränderte Bewußtsein finden die Menschen immer mehr zu sich selbst, berücksichtigen die Interessen der Natur stärker und betrachten sich nicht länger als einzigartige Krönung der Schöpfung, sondern als ein Glied unter vielen innerhalb der göttlichen Schöpfung. Warum sollte es in den Weiten des Kosmos nicht noch andere Lebewesen geben, die viel höher entwickelt sind als die »Krönung Mensch«?

Wie dem auch sei, die Erdbevölkerung befindet sich in einer Phase heftiger Veränderungen: »Die tatsächliche Substanz, die materielle, astrale und mentale, wird sogar im gegenwärtigen Augenblick angehoben. Das bedeutet, daß die Ausdrucksmittel für die Menschheit notwendigerweise aus Substanz einer höheren Frequenz geschaffen werden.«[25]

Diese zaghafte Entwicklung ist seit vielen Jahren zu beobachten: Immer mehr Menschen beschäftigen sich mit Esoterik, meditieren, sind auf der Suche nach ihren inneren Werten und ihrem Ursprung.

Mit fast erhobenem Zeigefinger vergleichen W. und Th. Gauch-Keller die heutige Situation mit der vor 15.000 Jahren, als Noah noch auf dem später untergegangenen Atlantis lebte: »Am Ende dieser Kultur hurte, stahl und log auch beinahe die gesamte Menschheit, genau gleich wie heute, und lebte auch nicht mehr nach den kosmisch-göttlichen Gesetzen. Wie viele der heutigen Menschen verehrten sie damals den Mammon, horteten viel Schmuck, viele Kleider und sonstigen Reichtum, doch vom Geistigen wollten sie kaum etwas wissen. Damals geschah auch eine Umwandlung auf der Erde. Sie wurde mit Wasser durchgeführt, denn alles wurde und wird immer wieder gereinigt, wenn zuviel ›Unrat‹ vorhanden ist. Diese Parallele zur heutigen Zeit kann wohl jeder ohne Mühe nachvollziehen!«[26]

Ausgehendes Fischezeitalter

Zwar hat unser Sonnensystem bei seiner Wanderung um die Zentralsonne das Fische-Tierkreiszeichen noch nicht verlassen, aber trotzdem sind seine Einflüsse schwächer geworden und die des Wassermanns nehmen zu; es ist ein zeitlich fließender Übergang, der ebenso zu bemerken ist, wie ein fließender Übergang in den sich verändernden menschlichen Erwartungen, Vorstellungen, Gedanken und Handlungen.

Der Weltenmonat der Fische erstreckte sich von ungefähr 150 Jahre vor Christi Geburt bis heute. Erhofft hatte man sich eine Zeit der christlichen Nächstenliebe, der gegenseitigen Liebe und Toleranz. Aber es ist eine unruhige Epoche geworden, eine Zeit der Gewalt, Zerstörungen, Natur- und gegenseitigen Ausbeutung. Typisch für die Epoche waren die Entstehung des Christentums und Islams, damit verbunden Glaubenskriege, Kreuzzüge und Hexenverbrennungen, die abgelöst wurden durch koloniale Eroberungen, Unterdrückungen und weltweite Kriege.

Der Astrologe Peter Schlapp vermutet, daß auch mit dem Beginn der Wassermann-Epoche, wie schon bei bisherigen Zeitenwechseln, eine neue Kultur oder ein neues Volk in den Vordergrund treten wird. Seiner Meinung nach könnten es die arabisch-islamische Kultur und die sie tragenden Völker sein. Sie sind nicht nur zu einem wichtigen, nicht zu unterschätzenden wirtschaftlichen Faktor geworden. »Fundamentalistische Strömungen führen zu Kriegen innerhalb und außerhalb der islamisch-arabischen Glaubens- und Staatengemeinschaften. Eine gleichsam religiös-revolutionäre Welle schwappt, von dort ausgehend, über die Welt. In religiös und kulturtraditionell gefärbten ›Missions-Kriegen‹ versucht sich der Islam auszubreiten.«[27] Eine glaubwürdige Annahme, wenn man weiß, in welcher Ecke, den Weissagungen zufolge, der dritte Weltkrieg provoziert werden wird.

Zudem scheint es so, daß die christliche Kirche zusehen muß, wie sie in den kommenden Jahren immer mehr ihrer religiösen und politischen Macht verliert. Die katholische Kirche mit dem Papst an der Spitze wehrt sich noch, aber vergeblich, will man den Weissagungen für die nächsten Jahrzehnte Glauben schenken. Der christliche Glaube an die Bibel hat ausgedient; indianische Lebensphilosophie, Buddhismus, Naturreligionen und Schamanismus erleben eine bislang unbekannte Nachfrage. Wen wundert es da, wenn die letzte der drei Botschaften von Fatima der Kirche riesengroße Probleme prophezeit. Erst nach der Katastrophen-Wende gewinnt der religiöse Glaube – im Sinne wirklicher gegenseitiger Achtung, Toleranz und eines respektvollen Umgangs mit den Menschen und der Natur – einen neuen gesellschaftlichen Stellenwert.

Um endlich besseren Zeiten entgegenstrahlen zu können, muß der Mensch jedoch nicht darauf warten, bis das irdische Sonnensystem die Fische endgültig verlassen hat und sich im zentralsonnennächsten Sektor befindet. Er kann innehalten und sich mit Hilfe von Meditation, Yoga oder Tai Chi geistig-seelisch weiterentwickeln und seine eigenen wie auch die energetischen Schwingungen der Erde erhöhen.

Das Wassermannzeitalter

Stellten die Menschen des Fischezeitalters Individualität, Egoismus und die oft rücksichtslose persönliche Entfaltung in den Vordergrund ihres Lebens, so verbindet die Astrologie die Wassermann-Epoche mit den Attributen Brüderlichkeit, Kommunikation, freundschaftliche Begegnung, damit verbundender Austausch zwischen verschiedenen Gruppen, kollektive Solidarität, Gleichwertigkeit der Menschen, neue Ideen, Erfindungen, Reformen, Drang nach Umgestaltung der Verhältnisse, Zukunftsorientierung.

Die Weissagungen für die kommenden Jahrhunderte lassen hoffen: Innerer und äußerer Frieden sowie Harmonie scheinen die nächsten Jahrzehnte zu bestimmen. Ausländerfeindlichkeit, Rassismus, nationalistisches Denken sollen überwunden werden. Aus dem Gegeneinander und Abgrenzen soll ein solidarisches, verständnisvolles, tolerantes und kollektives Miteinander aller Menschen, eine Zeit der Brüderlichkeit entstehen. Spiritualität, Philosophie, Wissenschaft, Ökonomie, Kunst werden wieder zusammenwachsen und sind nicht mehr länger voneinander losgelöste Teilbereiche; sie werden zusammengebunden zu einer neuen, einer ganzheitlichen Lebens- und Denkweise. Östliche Ideen und Philosophien, die wegen ihres ganzheitlichen Ansatzes die kommende Epoche wesentlich mitprägen werden, sind mittlerweile auch in unserem westlichen Alltag zu spüren und nicht mehr wegzudenken. Selbst der »Umgangston« wird sich ändern: »Zunehmend werden den Menschen auf den Gebieten der Telepathie, der Hypnose und durch heute noch nicht zu beschreibende Kräfte einer feinstofflichen Intuition Fähigkeiten zuteil werden, die sie auf bisher ungeahnte Art und Weise mit dem Kosmos in Verbindung bringen werden.«[28]

Es scheint so, als könnten die Menschen gar nicht anders, als einer freudigen Zeit entgegenzugehen. Die erwartungs- und hoffnungsvolle Euphorie wird jedoch gleich wieder gebremst: Zwar bewegt sich der Planet Erde auf angenehmere, menschlichere 2.000 Jahre zu, doch muß vorher noch eine Menge Altlasten abgearbeitet werden.

Aber für solche Veränderungen stehen die kosmischen Zeichen gut, und was das zu verändernde Bewußtsein der Menschen angeht, ist der Astrologe recht optimistisch: »Es bleibt die Hoffnung, daß sich das neue Bewußtsein langsam, aber kontinuierlich wie ein unterseeisches Gebirge aus dem Meer der Verworrenheit der ersten neuen uranischen Impulse erhebt und das für die Menschen des Wassermann-Zeitalters so wichtige Land (Element Erde) sichtbar wird. Auf diesen ersten Inseln haben sich bereits positive Auswirkungen angesiedelt. Ein verstärktes und kämpferisches Umweltbewußtsein, die gesamte Ökologiebewegung, der Kampf gegen die Gentechnik, die friedliche Beilegung der Feindschaft zwischen den großen Machtblöcken USA und UdSSR, der Fall der Berliner Mauer und die friedliche Wiedervereinigung Deutschlands stellen die ersten greifbaren Ergebnisse dar. Organisationen wie Greenpeace, Amnesty International, die große Zahl von Tierschutzverbänden, der Kampf einzelner oder kleiner Gruppen für die Rechte noch immer unterdrückter Völker atmen bereits den rechten Wassermann-Geist.«[29]

Im Denken und Handeln der Menschen bewegt sich etwas. Ihre wohl wichtigste Aufgabe für die nächsten Jahre dürfte es sein, das eigene Bewußtsein zu ändern in Richtung eines achtsameren Umgangs mit sich, mit der Umwelt und mehr Respekt für alle Lebewesen und die Natur.

Kapitel 5

Der Blick in die Zukunft

»Wenn die Bilder lebend aussehen und sich selbst bewegen, wenn Schiffe unter den Meereswellen wie Fische schwimmen, wenn Menschen höher als Vögel den Himmel erklettern, dann wird die halbe Welt im Blut versinken.«

Deutet man diese 500 Jahre alte Inschrift eines Grabsteines im englischen Kirby[30], so könnte man meinen, sie habe sich schon während des zweiten Weltkrieges erfüllt, als die halbe Welt im Blut versank. Es ist nicht sicher, ob die vorausschauenden Worte tatsächlich auf unsere Zeit zutreffen sollen. Auch die Hopi-Indianer meißelten ihre weitsichtigen Weissagungen vor gut 2.000 Jahren auf Stein, in eine Felsenklippe der Black Mesa in Arizona. Sie wußten schon damals, daß die heutige Bevölkerung auf eine schwerwiegende Krise zusteuern wird, die in einem großen Tag der Läuterung, an dem die Erde durch das Feuer gereinigt wird, enden soll. Umwälzungen werden auf der ganzen Erde stattfinden, und die Hopis erwarten zu diesem Zeitpunkt die Rückkehr des Großen Geistes. Der »Tag X« kann nur dadurch vermieden werden, daß die Politik jäh geändert wird und genügend Menschen sofort bereit sind, die rücksichtslose Ausbeutung der Naturschätze zu beenden und wieder Fürsorge für ihre Mutter Erde und ihre Mitgeschöpfe zu übernehmen.[31]

Auch die Cheopspyramide soll Informationen über das beginnende Wassermannzeitalter bewahren. Danach – das hat der britische Forscher Peter Lemesurier herausgefunden – befindet sich die Erde an einem kritischen Wendepunkt. »Es ist eine Zeit, in der die Seelen entscheiden müssen, ob sie an der spirituellen Befreiung und dem Einssein der Menschheit mit Gott und der göttlichen Schöpfung mitwirken wollen oder nicht. Lemesurier leitet die Vorhersage eines schrecklichen Zusammenbruchs der materialistischen Kultur innerhalb von drei Jahren vor oder nach 2004 n. Chr. aus dem Pyramidenplan ab. Wie er sich ausdrückt, soll ›der Boden der Erde wegbrechen‹ . Der Tiefpunkt dieses Zyklus wird für das Jahr 2010 n. Chr. vorhergesagt, und auf ihn soll die Wiederkehr Christi folgen, im Jahre 2034.«[32] Wenn Lemesurier mit seiner Interpretation tatsächlich recht hat, dann ist diese Vorhersage über 2.600 Jahre alt.

Die Inkas sehen die Katastrophen für das Jahr 2013 voraus: Ein riesiger magnetischer Asteroid, dreimal so groß wie der Planet Jupiter, soll sich der Erde nähern und auf ihr die große Reinigung auslösen. »Die Erde wird erzittern, die Luft wird von Hurrikanen und Tornados erfüllt sein, auf den Ozeanen werden sich Sturmwellen bilden, und die Sonne wird große Hitze abstrahlen.«[33] Danach werden die Menschen eine neue Zivilisation aufbauen.

»Propheten verkünden nicht nur Gutes ...«

Das sind nur drei Beispiele für jahrtausendealte Prophezeiungen; auffallend ist, daß die Zeitangaben für den Beginn der Katastrophen variieren. Im Laufe der letzten Jahrhunderte haben sich noch mehr Weissagungen oder

Visionen zu diesem Thema angesammelt: Sei es die Johannes-Offenbarung, die Weissagungen des Michael Nostradamus und des »schlafenden Propheten« Edgar Cayce, das dritte Geheimnis von Fatima oder jüngere Ankündigungen, die viele Veränderungen für die Wende um das Jahr 2000 vorhersagen. Nimmt man die Weissagungen zusammen, dann kann man davon ausgehen, daß die Menschen an einem Wendepunkt stehen und sich entscheiden müssen. Die gute Nachricht vorweg: Es gibt Hoffnung auf die Zeit nach 2025, dann soll nämlich eine tausendjährige goldene Ära beginnen.

Nun zu den schlechten Nachrichten: Zum Ende des 20. Jahrhunderts müssen der Papst und sein Gefolge aus dem Vatikan fliehen; weltweite wirtschaftliche Spannungen, politische und religiöse Auseinandersetzungen verursachen einen dritten Weltkrieg. Es wird ein kurzer, drei Monate dauernder Krieg, der durch einen an der Erde vorbeiziehenden Kometen beendet werden wird. Die Erde versinkt für drei Tage in Finsternis, giftige Staubwolken des Kometen umhüllen sie, Erdbeben, Überschwemmungen und Vulkanausbrüche sind die Folgen. Auch ein Polsprung wird nicht ausgeschlossen.

Etwa ein Drittel der Erdbevölkerung soll sterben. Einige Jahre werden die Überlebenden brauchen, bis sie das Chaos – verseuchtes Wasser, knappe Lebensmittel, wirtschaftlicher, politischer und sozialer Aufbau – beseitigt und eine lebbare Ordnung wiederhergestellt haben. Zwischen 2001 und 2025 kommt es trotz vieler glücklicher Jahre immer wieder zu Auseinandersetzungen, es wird von einem vierten Weltkrieg gesprochen, eine Zeit, in der der Antichrist sein Unwesen treibt. Aber nach dem Jahre 2025 soll dann endgültig alles überwunden sein, so daß sich die Menschen der versprochenen goldenen, friedvollen Zeit hingeben können.

Das sind im groben die bevorstehenden Ereignisse. Selbstverständlich haben nicht alle Propheten die gleichen Aussagen getroffen, aber sie ergänzen sich und vervollständigen das oben beschriebene Gesamtbild.

Die Ruhe vor dem Sturm – Vorzeichen für den dritten Weltkrieg

Obwohl die prophezeiten Ereignisse und Katastrophen weltweit auftreten und weltweit zu spüren sein werden, liegt der Schwerpunkt meiner Betrachtungen auf den Ereignissen in Deutschland, wohlwissend, daß Italien oder Frankreich ebenso von den Auswirkungen der giftigen Staubwolken betroffen sein werden wie Deutschland. Auch dort kommt es zum Beispiel im Vorfeld des Krieges zu bürgerkriegsähnlichen Unruhen.

Nach der Vereinigung Deutschlands und der Beendigung des Kalten Krieges wiegt sich gerade die deutsche Bevölkerung in Sicherheit. Es herrscht eine – relativ – friedliche Zeit. Niemand ahnt, daß ein erneuter Krieg bevorstehen könnte. Dennoch tragen einige deutliche Zeichen dazu bei, die Bevölkerung vorzuwarnen und aufzuwecken. Wenige Monate vor Kriegsausbruch soll es auf der ganze Erde zu besonders schweren Erdbeben und Vulkanausbrüchen kommen. Im Nahen Osten soll es einen größeren Krieg geben, und die Welt wird sich dort mit Friedensverhandlungen beschäftigen.

Nostradamus in seinem Vierzeiler V.25: »Im Löwen Venus, Sonne, Mars: Die Christen Vom Araber dann werden nicht verschont. Millionen sollen sich im Iran einnisten: Bei Nil und Istanbul die Schlange wohnt.«[34] Auch in den östlichen Ländern macht sich Unruhe breit. Gleichzeitig soll sich Westeuropa – Deutschland, Frankreich, England, Italien –, wenn nicht sogar die ganze Welt, in einer schweren wirtschaftlichen Krise befinden. Die Folge davon: innenpolitische Schwierigkeiten, soziale Unruhen, die sogar bis zum Bürgerkrieg anwachsen können, und blutige Aufstände. Selbst drastische Steuererhöhungen sind nicht ausgeschlossen. Dazu sagte schon vor über 150 Jahren Mühlhiasl: »Die hohen Herren machen Steuern aus, die keiner mehr zahlen wird. ... Viele neue Gesetze werden gemacht, aber nimmer ausgeführt. ... Es werden die großen Herren Sachen befehlen, wo alle Menschen darüber lachen und spotten, und dem gemeinen Volk zur Last sein.«[35]

Bei W. und Th. Gauch-Keller gibt es weniger zu lachen; sie beschreiben die harte, wirtschaftlich desolate Situation folgendermaßen: »Unser Geldsystem, das nur noch eine kurze Weile künstlich aufrechterhalten und gestützt werden kann, bricht total in sich zusammen. Seine Kaufkraft geht verloren, und kein Institut, keine Bank und keine Regierung wird fähig sein, dies zu verhindern. Die gesamte Wirtschaft, die auf dem Prinzip der Einzelbereicherung beruht, bricht sehr bald weltweit zusammen. Tausende, ja Millionen von Menschen verlieren dadurch ihre Arbeitsstelle. Wir werden uns an nichts mehr, was rein materiell ist, anlehnen können. Und viele Menschen werden in dieser Zeit mit dem Versuch zu überleben so sehr beschäftigt sein, daß sie sich nur noch um ihre eigenen Probleme kümmern und den Nächsten schmählich im Stich lassen. Durch all das werden viele Menschen sehr verzweifelt sein. Sie beginnen zu jammern wie kleine Kinder, werden depressiv und denken an Selbstmord. Viele gutgemeinte Vorsätze werden dann vergessen oder einfach ignoriert, denn das heutige Recht und Gesetz wird keine Gültigkeit mehr haben.«[36]

Stephan Berndt hat mit Hilfe seines Computers 250 »Seherquellen« ausgewertet. Über die wirtschaftliche Situation hat er dabei herausgefiltert, daß der richtige Zusammenbruch wahrscheinlich erst wenige Monate vor Kriegsbeginn eintreten wird, wahrscheinlich sogar noch im Frühjahr desselben Jahres. Er könnte aber auch schon ein Jahr vorher stattfinden.[37]

Den Prophezeiungen nach gelten die Bürgerkriege in Italien als die letzte große Ankündigung für den dritten Weltkrieg. Drei Tage, bevor Rußland den Krieg eröffnet und angreift, eskalieren die Unruhen in Rom, so daß der Papst fluchtartig den Vatikan verlassen muß und in Richtung Frankreich flieht. Dazu Nostradamus in IX.99: »Der Nordwind zwingt den Heil'gen Stuhl zu gehen, Wenn rote Asche in die Wände beißt. Der Regen dann (er läßt Schlimmes geschehn) Ihnen die letzte Hoffnung an der Grenz‹ verheißt.«[38] In seinem Vierzeiler V.57 verrät Nostradamus mehr: Da der Papst seine Flucht bis zur letzten Minute hinauszögert, wird er von bewaffneten

Truppen über die Alpen bis nach Frankreich verfolgt; an der Rhône wird er wahrscheinlich festgenommen. Sein Nachfolger scheint ein »Nicht-Würdiger« zu sein. Nostradamus V.15: »Den Papst man auf der Reise wird erfassen: Empörte Kleriker ihr Geld verschwenden. Auch wird der Stern des Nächstgewählten blassen: Sein liebster Bastard wird dann böse enden.«[39]

Der Krieg: »Abends wird man sagen: Friede! Friede! und morgens steht der Feind schon vor der Tür.«[40]

Der Papst auf der Flucht, in Westeuropa brodelt es, im Nahen Osten versucht man, unter Beteiligung von Rußland die Streitigkeiten beizulegen, keiner rechnet mit Krieg. Darauf verweist Nostradamus in seinem Vierzeiler IX.52: »Von rechts ist Frieden, von links Krieg am Ruder. Dieser Verfolgung ist und war nichts gleich. Blut auf dem Boden: Schreit auf Schwester, Bruder! Was einen trifft, trifft jeden in Frankreich.«[41]

Genau in dieser Situation soll Rußland Skandinavien und die Türkei angreifen, kurz darauf Deutschland und Mitteleuropa. Berndt resümiert seine Computerauswertungen: »Die russischen Armeen in Mitteleuropa sind in drei Angriffsspitzen zusammengefaßt. Sie schlagen blitzartig los und dringen tief nach Westen vor. Im Nordabschnitt kommen sie über Schleswig-Holstein bis nach Dänemark, und südlich der Elbe nach Holland bis nach

Belgien. Die Nordseeküste wird erreicht. Im Mittelabschnitt stoßen die Armeen bis zum Rhein vor. Im Südwesten überschreiten sie den Rhein und stoßen in den Süden Frankreichs vor. Auch dringen östliche Truppen über die Alpen nach Italien vor. In dieser Angriffsphase stoßen sie auf keinen nennenswerten Widerstand. Aus taktischen Gründen verzichtet die russische Generalität in dieser Anfangsphase darauf, das Alpenvorland östlich des Rheins zu besetzen. Es geht darum, möglichst schnell strategische Schlüsselpositionen zu besetzen. Das Alpenvorland zählt nicht dazu. Der bis hierher beschriebene Vorstoß ist innerhalb kürzester Zeit erreicht.«[42]

Der bayerische Brunnenbauer und Rutengänger Alois Irlmaier kleidete 1950 den russischen Vorstoß in eigene Worte: »Massierte Truppenverbände marschieren in Belgrad von Osten herein und rücken nach Italien vor. Gleich darauf stoßen drei gepanzerte Keile nördlich der Donau blitzartig über Westdeutschland in Richtung Rhein vor – ohne Vorwarnung. Das wird so unvermutet passieren, daß die Bevölkerung in wilder Panik nach Westen flieht.«[43]

1975 sagte Erna Stieglitz zu dem Vorstoß: »Gegen Ende Juli stoßen die sowjetischen Angriffskeile blitzartig gegen Westeuropa vor. ... Der Mittelangriff gegen Westeuropa erfolgt in drei gewaltigen Stoßkeilen. Der erste wird aus dem Raum Stettin-Berlin nach Lübeck, Hamburg und in die Niederlande vorstoßen, der zweite aus dem Raum Sachsen und Dresden ins Ruhrgebiet. Der dritte Stoßkeil wird aus Böhmen nach Bayern hereinbrechen und zum Oberrhein streben.«[44] Köln soll vom russischen Einmarsch besonders hart betroffen sein.

Stockerts Vision hinterläßt ein recht eindrucksvolles Bild von dem, was Deutschland erwartet: »Panzer überrollen Deutschland ... Panzer werden von Osten kommen und mit großer Schnelligkeit gegen Westen fahren. Wo sich ihnen Hindernisse in den Weg stellen, machen sie mit großer Übermacht alles dem Erdboden gleich. ... Vor Angst fliehen die Menschen nach Westen. In Frankreich werden die Straßen vor Flüchtenden und von Autos verstopft sein, und es wird kein Vor und kein Zurück geben. Männer und Frauen werden gewaltsam ins feindliche Heer einbezogen; wer sich weigert, wird erschossen. O, wieviel Leid kommt nach Deutschland. Viel Blut wird in den Straßen fließen. Lebensmittel und alles, was das feindliche Heer braucht, wird der Bevölkerung enteignet. Die Panzerzüge der Russen werden bis zum Rhein kommen. Das ganze Land wird wimmeln von fremden Soldaten, und jeder wird morden und die Frauen vergewaltigen, wie er will. Das Volk wird weder Eigentum noch sonst etwas besitzen, viele werden keine Wohnungen mehr haben und in Verstecken hausen.«[45]

»Chaos auf den Straßen – Chaos in Familien und Freundschaften«

Aber auch die Beziehungen zwischen Freunden und Bekannten scheinen im Moment des Krieges auf wackeligen Füßen zu stehen, wie Mühlhiasl berichtet: »In der

Stadt wird alles drunter und drüber gehen. Der Bruder wird seinen Bruder nicht mehr kennen, die Mutter ihre Kinder nicht. Von der Stadt werden die Leut aufs Land kommen und zum Bauern sagen: Laß mich ackern, doch der Bauer wird sie mit der Pflugreutn erschlagen. Die Bauern werden sich hohe Zäune ums Haus machen und aus dem Fenster auf die Leut schießen. Wer feine Hände hat, wird aufgehängt werden.«[46]

Feindseligkeiten innerhalb der Familie, zwischen Freunden und unter Nachbarn, Hunger, Wassermangel, Selbstmorde, Stromausfälle – weder der einzelne noch der Staat werden auf diese Ereignisse vorbereitet sein. Erna Stieglitz: »Das Faustrecht kehrt wieder, Gesetzlosigkeit, Chaos! Hungernde Großstädter werden zu Räubern an den Bauern. Bewaffnete Banden ziehen durchs Land, Fanatiker, Mörder, Psychopathen, Mob. Es ist ein nie zuvor, außer vielleicht im Dreißigjährigen Krieg, dagewesener Schrecken!«[47]

Auch Paco Rabanne beschreibt die kommende Zeit als eine Schreckensphase. 1941 konnte er im Alter von sieben Jahren während einer Astralreise in die Zukunft blicken und erlebte dabei sowohl den ersten und zweiten wie auch den nächsten Weltkrieg mit: »Denn ich sah auch den Dritten Weltkrieg, das absolute Grauen. Das war nicht mehr eine Auseinandersetzung zwischen Nationen, sondern ein chaotischer Konflikt, in dem Straße um Straße, Fenster um Fenster umkämpft wurden, einzig aus der Lust heraus, den anderen zu töten, wer immer er auch sein mochte. Die Kämpfe griffen wie die Pest um sich, von Dorf zu Dorf, von Region zu Region, bis sie sich schließlich über den ganzen Planeten erstreckten. Religionskrieg, ethnischer Krieg, Überlebenskrieg, totaler Krieg ... Der blaue Planet war in furchtbare Finsternis getaucht, aus der nur mehr Schreie des Entsetzens und der Panik zu vernehmen waren. Wie die Propheten es schon verkündet hatten, waren die drei Tage des Herrn gekommen. Nach Ablauf dieser drei Tage sah ich die Überlebenden wie Tiere umherirren, sich gegenseitig zerfleischen und Kannibalismus und andere unsägliche Verbrechen begehen. Dann sah ich plötzlich das apokalyptische Tier auftauchen. Und alles war vorbei.«[48]

Einige Seher haben sogar die Vision, daß Rußland auch Alaska, USA und Kanada angreifen könnte.

Prophezeit wird, daß der Krieg lediglich drei Monate dauert. Vermutlich verseucht der Westen durch den Einsatz chemischer Waffen ein breites Gebiet in Osteuropa, so daß die Russen keinen Nachschub mehr erhalten und ihr Angriff am Rhein steckenbleibt. Erna Stieglitz: »Die nach Europa eingedrungenen östlichen Verbände werden durch eine westliche Blitzaktion von ihren Nachschubbasen abgeschnitten. Im Rücken der vorgedrungenen Armeen des Ostens wird ein gelber Vorhang heruntergelassen. Ob es sich um eine radioaktive Strahlenwand handelt? Man kann es sich nicht anders erklären, da es über diese Wand hinweg kein Vor und Zurück mehr gibt, außer durch den Tod hindurch.«[49] Um die Angreifer ist es nun schlecht bestellt, sie erleiden eine Niederlage nach der anderen, können sich aber nicht zurückziehen, da sie den Giftstreifen im Rücken haben. Berndt glaubt, daß die Russen, derart in die Enge getrieben, zum angeblich rettenden Strohhalm greifen und nordöstlich der Färöer-Inseln, 1.200 km von der deutschen Nordseeküste entfernt, unter Wasser eine Atombombe zünden werden.[50]

Dreitägige Finsternis leitet einen Wandel ein ...

Genau in dem Moment, in dem die Atombombe gestartet werden soll bzw. schon in der Luft ist, soll ein Komet über der Erde auftauchen. »Gleichzeitig treten sehr starke elektromagnetische Störungen auf. Diese wirken sich vernichtend auf sämtliche elektronischen Kreisläufe aus. Atomraketen sind nicht mehr zu starten, schon gestartete außer Kontrolle. Ebenso ist die elektronische Zündung der Sprengköpfe außer Kraft gesetzt. ... Statt dessen setzt eine allmähliche Verdunkelung des Himmels ein. Die Erde gerät in den Staubschweif des riesigen Kometen.«[51] Sollte es tatsächlich so sein, daß ein Komet an der Erde vorbeisaust, um zu verhindern, daß die Erde durch Atombomben verseucht wird und um die Erde und die darauf lebenden Menschen, Tiere, Pflanzen vor einem atomaren Holocaust und vor einer Jahrtausende dauernden Verseuchung zu bewahren?

Die Weissagungen von Nostradamus scheinen das zu bestätigen. Und noch etwas: Mit Daten ging Nostradamus in seinen Prophezeiungen recht vorsichtig um, aber in seiner Vorrede an Heinrich den Glücklichen nennt er eines: »Vorher aber wird eine Sonnenfinsternis vorausgehen, die dunkelste und finsterste, die es je seit der Schöpfung der Welt und seit dem Leben und Sterben Jesu Christi bis heute gegeben hat. Es wird im Monat Oktober sein, wo man eine große Verlagerung beobachten wird, so daß jedermann glaubt, die Schwerkraft der Erde habe ihre natürliche Bewegung verloren und die Welt sei in ewige Finsternis geschleudert.«[52]

Interpretiert wird die finsterste Sonnenfinsternis als eine Verdunkelung, die der Komet mit seinen Nebelwolken im Schlepptau hervorrufen wird. In seinem Werk »Johannes, das große Evangelium« stellt Jakob Lorber, der im Auftrag Jesu Christi schrieb, zwar eine Horrorvision dar, aber er kündigt auch Rettung und ein neues Leben an. »Es werden dann kurz vor dem Jahr 2000 den stolzen Menschen ihre Feuer und Tod speienden Waffen nichts mehr nützen. Auch nicht ihre Burgen und ehernen Wege, auf denen sie pfeilschnell dahinfahren. Denn es wird sie alle verderben, die da allzeit Übles getan haben. Und ich werde zerstören alle Krämer- und Wechslerbuden durch den Feind, den ich aus den weiten Lufträumen der Erde zusenden werde wie einen dahinzuckenden Blitz mit großem Getöse. Wahrlich, gegen den werden vergeblich kämpfen alle Heere der Erde! Aber meinen wenigen Freunden wird der große, unbesiegbare Feind kein Leid antun und wird sie verschonen für eine ganze neue Pflanzenschule, aus der neue und bessere Menschen hervorgehen werden ...«[53]

Sobald die Staubwolke des Kometen die Erde erreicht, wird das Massensterben einsetzen, da sie giftige Gase enthält. Wer sich im Freien befindet, hat keine

Überlebenschancen, er wird sterben. Dazu am 30.12.1972 Veronika Lueken: »Gebäude, die einstürzen – Stimmen, die kreischen – große sengende Hitze – Feuerblitz, dann Finsternis, die Welt scheint stillzustehen, die Erde sich nicht mehr zu drehen – Leute, die hin- und herrennen im Dunkel. – Da ist ein Haus, in dem eine Kerze brennt – wie Tiere klammern sich die Menschen an die Eingänge, die Türen, um hineinzukommen – ein anderes Haus hat brettervernagelte Fenster, auch darin brennt eine Kerze – keine Tür wird geöffnet – Staub und Felsbrocken beginnen auf die Leute zu fallen – überall Blut – Schreie um Barmherzigkeit – in einer Versenkung ein Mann, er hält ein Kreuz heraus – eine Stimme schreit: drei Tage, drei Tage.«[54]

Auch die Seherin Marie Julie Jahenny de la Faudais warnte schon 1891 vor dem aufziehenden Unheil: »Es wird eine dreitägige Finsternis der Natur eintreten; während dreier Nächte und zwei Tagen wird eine ununterbrochene Nacht sein. Die geweihten Kerzen von Wachs werden allein noch Licht spenden ... die Blitze (Strahlung) werden in eure Wohnungen eindringen ... Wolken rot wie Blut, werden am Himmel vorüberziehen ... Die Erde wird bis in ihre Grundfeste erschüttert werden ... In einen unermeßlichen Friedhof wird die Erde umgewandelt, die Leichen der Gottlosen und der Gerechten bedecken die Erde. Dann wird eine große Hungersnot sein. Alles wird zerstört sein, und drei Viertel der Menschheit wird umkommen. Diese Krisis wird fast plötzlich ausbrechen und wird auf der ganzen Welt gemeinsam sein ...«[55]

»Letzte Warnung an die Menschheit: der Komet«

Er ist ein hell leuchtender Himmelskörper, den man eigentlich nicht übersehen kann. Taucht er auf, kann man dann zwar nichts mehr gegen ihn unternehmen, aber man könnte sich wenigstens vor seiner Staubwolke, die so giftig sein soll, daß man unter freiem Himmel innerhalb weniger Sekunden daran stirbt, in Sicherheit bringen. In geschlossenen Räumen sehen die Überlebenschancen erheblich besser aus.

Schon am 12. Juni 1976 gab Maria einige Verhaltenstips: »Schaut nicht auf zum Himmel, hütet euch vor dem Aufblitzen. Schließt eure Fenster, zieht die Vorhänge vor, bleibt im Hause. Wenn ihr euch vor eure Türen hinauswagt, werdet ihr nicht mehr zurückkehren.«[56]

Wie macht die Johannes-Offenbarung auf den Kometen aufmerksam? »Und ich sah, daß das Lamm das sechste Siegel öffnete. Da entstand ein großes Erdbeben, die Sonne wurde schwarz wie in Trauer gehüllt, der Vollmond wurde wie Blut, die Sterne des Himmels stürzten zur Erde, wie ein Feigenbaum seine Feigen abwirft, wenn der Sturm ihn schüttelt. Und der Himmel verschwand wie eine Buchrolle, die man zusammenrollt, und alle Berge und Inseln wurden von ihrem Platz gerückt. Die Könige auf Erden, die Gewaltigen, die Heerführer, die Reichen, die Mächtigen, die Sklaven und Freien – alle verbargen sich in den Höhlen und den Felsspalten der Berge. Und der dritte Engel blies: Da fiel ein großer Stern vom Himmel, leuchtend wie eine Fackel. Er fiel auf ein Drittel der Flüsse und Wasserquellen. Der Name des Sternes hieß Absinth (Wermut). Und ein Drittel der Gewässer wurde zu Wermut, viele Menschen fanden den Tod am Genuß dieser Quellen; denn sie waren bitter geworden.«[57]

Nach 72 Stunden ist alles vorbei, die Sonne lächelt wieder auf die Menschen herunter, die Staubwolke hat sich aufgelöst, die giftigen Gase sind aus der Luft gewaschen. Prophezeit wird, daß zehn Tage, nachdem der Komet erschienen ist, die Gifte völlig ins Erdreich eingedrungen sind, dort als guter Dünger wirken und eine bis dahin unbekannte Fruchtbarkeit hervorrufen.

Im Gefolge des Kometen: der Polsprung

Eine Katastrophe zieht die nächste nach sich: Zwar rauscht der Komet nur an der Erde vorbei, ohne sie zu berühren; trotzdem, das geht aus zahlreichen Weissagungen hervor, verursacht er einen Polsprung, der seinerseits für Erdbeben, Vulkanausbrüche und Überschwemmungen verantwortlich ist.

Allerdings, so die positive Nachricht, die Hermann Ilg auf dem Wege der Mentaltelepathie empfangen hat: Es werden kosmische Raumschiffe auf die Erde gesendet, um rechtzeitig eine Rettungsaktion einzuleiten. Ist sie nach einigen Tagen beendet, »wird sich der Polsprung ereignen, und die Erde wird ihr Gesicht und ihren Schwingungsgrad ändern. Während dieser Zeit herrscht völlige Dunkelheit infolge der Absorption des Lichtes durch die Magnetwirbel im erdmagnetischen Feld. Dieser Zustand wird etwa drei Tage andauern, bis sich ein neues Magnetfeld gebildet hat und das Sonnenlicht wieder ungehindert die Erdoberfläche erreichen kann.«[58]

Zum Magnetfeld, das sich wie eine Schutzhülle um die Erde zieht, stellen Gauch-Keller fest, daß es schon jetzt stark geschwächt ist. Durch den Kometen wird die Lage der Erdkugel noch weiter geschwächt und instabiler. »Bei dem weiteren Zerfall des Magnetfeldes wird die Erde schließlich ins Schlingern kommen, ähnlich einem Zwirbel, der am Ausdrehen ist. Durch dieses Schlingern wird sich die Erde entweder vollends aufrichten, das heißt, die Erdachse wird wieder senkrecht stehen, oder ein Polsprung tritt ein, wonach der heutige Nordpol zum neuen Südpol würde. Sollte ein abschließender Polsprung tatsächlich zur Reinigung nötig sein, wird die Sonne anschließend im Westen aufgehen und nicht mehr wie bisher im Osten.«[59]

Obwohl zahlreiche Naturwissenschaftler behaupten, daß ein Polsprung durch einen Kometen nicht möglich sei, schließen Gauch-Keller nicht aus, daß er doch stattfinden wird, und zwar durch den Einfluß eines stärkeren Energiefeldes. Da sich die Erde auf ihrer kosmischen Reise dem Licht entgegen befindet, nähert sie sich selbstverständlich auch anderen Sonnensystemen und deren Planeten. Daher könnte sie ohne weiteres nahe der Laufbahn eines anderen Planeten oder größeren Kometen vorbeischlittern.

Der Komet stört also das Gravitationsfeld der Erde, die ihrerseits im Bewegungsablauf unterbrochen wird.

Lufthülle, Wasser- und Erdmassen vollziehen wegen ihrer Trägheit den »erdlich« veränderten Bewegungsablauf zeitversetzt und führen somit automatisch zu Naturkatastrophen, wie Stürmen, Erdbeben, Vulkanausbrüchen, Flutwellen und Überschwemmungen und, damit verbunden, zum Entstehen und Verschwinden von Gebieten. Nur zwei Drittel der Erdbevölkerung wird den Weltkrieg, die giftigen Staubwolken und die darauf folgenden Katastrophen überleben. Tröstlich zu wissen, daß der ganze Spuk innerhalb weniger Tage vorbei sein soll.

»Das eine versinkt, das andere taucht auf«

Der »schlafende Prophet« Edgar Cayce sagte in seinen zahlreichen Trancezuständen nicht nur den Polsprung und damit verbundene weltweite Klimaveränderungen voraus, sondern er sah Erdbeben in weiten Teilen Amerikas, neues Land vor der Ostküste Amerikas auftauchen, Japan im Meer versinken und plötzliche Veränderungen im nördlichen Europa. Veränderungen im Zustand des südpazifischen Meeresbodens und der Ausbruch des Ätna kennzeichnen den Beginn der Umwälzungen.

»Schließlich jedoch würde eine starke seismische und vulkanische Aktivität Los Angeles und San Francisco zerstören, das Mississippital überschwemmen, weil die Großen Seen in den Golf von Mexiko abflössen, und die Küstenstriche Carolinas sowie Georgias weitgehend überfluten. Ein Ansteigen des Meeresspiegels um mehrere Fuß deute sich an, weil die meisten Küstengebiete der Nordhalbkugel unter die Wasserlinie gerieten. New York würde in einer der nachfolgenden Generationen zerstört, zusammen mit weiten Gebieten Südamerikas. Ein besonderes Zeichen dafür, daß die kalifornischen Katastrophen unmittelbar drohten (innerhalb von neunzig Tagen), seien bedeutende neue Ausbrüche des Vesuvs bei Neapel oder des Mont Pelée auf Martinique.«[60]

Durch das veränderte weltweite Klima treten versunkene Städte zutage, wird sich der Golfstrom verschieben, werden einige Teile der britischen Inseln im Wasser versinken, wird London zur Küstenstadt, kommt es in der Türkei und im Gebiet des ehemaligen Jugoslawien zu schweren Erdbeben.

»Allmählich kehrt wieder Ruhe ein«

Sobald sich nach drei Tagen der Nebelschleier von der Erde gelüftet hat und die Menschen wieder an die frische Luft können, werden sie feststellen, daß sich Deutschland auf die Höhe von Italien verschoben hat und es wärmer geworden ist.

Obwohl das politische System zusammengebrochen ist, die medizinische Versorgung brachliegt, nichts mehr produziert werden kann, offene Gewässer vergiftet sind und die Menschen unter Wassermangel leiden, die Lebensmittelversorgung nicht mehr funktioniert, beginnen die Menschen mühselig, ein neues Leben aufzubauen.

Nach ungefähr zwei Jahren sollen die schlimmsten Schwierigkeiten überwunden sein. Für die Zeit danach prophezeit Nostradamus in seinem Brief an König Heinrich eine prächtigere Zukunft als bisher: »Nachdem dies alles lange genug gedauert hat, wird fast das zweite Reich des Saturn beginnen und das Goldene Zeitalter aufgerichtet werden. Gott, der Schöpfer, wird die Trübsal seines Volkes ansehen und sprechen: Der Satan soll gebunden werden. Dann beginnt zwischen Gott und den Menschen ein allgemeiner Friede. Der Satan wird ungefähr tausend Jahre gefesselt sein. Die Kirchenmacht wird ihre höchsten Befugnisse zurückerhalten. Dann aber wird der Satan wieder losgebunden.«[61] Nostradamus prophezeit damit, daß wenigstens tausend Jahre Ruhe herrschen wird. In vielen religiösen Prophezeiungen heißt es, daß die Naturkatastrophen das Erscheinen des Messias auf der Erde ankündigen.

Nach Cayce spiegeln die weltweiten geologischen Veränderungen die weltweiten politischen, wirtschaftlichen, sozialen und seelisch-geistigen Umbrüche wider. Die Menschen würden sich unbewußt auf eine neue Zeit vorbereiten. So verdrängen die erlittene Not und Entbehrungen die bisherige materialistische und egoistische Denk- und Lebensweise und ersetzen sie durch Spiritualität, Verantwortungsbewußtsein füreinander und ein kollektives Bewußtsein. Die Gefahren einer Umweltzerstörung, Atombedrohung und wirtschaftlichen Ausbeutung werden damit verschwinden.

Die große Frage: Wann ist es soweit?

Bald, das scheint aus heutiger Sicht klar zu sein. Klar zu sein scheint auch, daß der dritte Weltkrieg und die dreitägige Finsternis in der zweiten Jahreshälfte liegen. Ende Juli bis Anfang August würde der Krieg beginnen, ungefähr drei Monate dauern, so daß Ende Oktober, Anfang November die dreitägige Finsternis einsetzen würde. Siehe dazu die Ankündigung der Sonnenfinsternis bei Nostradamus. Auch die Quellenauswertung von Stephan Berndt läßt diese Schlußfolgerung zu.

Schwieriger wird es bei der Datierung des Jahres, denn kaum ein Weissager nennt eine direkte Jahreszahl; jeder versucht die Situation zu umschreiben. Lorber spricht eine Jahreszahl an »kurz vor dem Jahr 2000«; aber was bedeutet schon »kurz«, ein Jahr vorher, zwei oder vielleicht sogar drei Jahre? Auf Grund der 250 untersuchten Quellen hat sich Berndt auf die Jahre 1998 oder 1999 festgelegt, mit seiner persönlichen Tendenz zu 1998 als »das Jahr«. Allerdings deuten zahlreiche Prophezeiungen auf das Jahr 1999 hin. Zum Beispiel behauptete der italienische Priester Don Bosco, daß in dem Jahr, in dem der Papst aus Rom fliehen wird, zwei Vollmonde in einen Monat fallen. Das nächste Datum dafür wäre der März 1999. Selbst Nostradamus, obwohl er normalerweise mit Daten recht sparsam umgeht, nennt in seinem Vierzeiler X.72 die Jahreszahl 1999.

Einen konkreten, gleichzeitig aber auch unkonkreten Hinweis gibt der zeitgenössische Astrologe Karlheinz Saore: Wird der israelische Ministerpräsident Benjamin

Netanjahu erschossen, beginnt der dritte Weltkrieg. Leider fehlt auch bei dieser Weissagung das Jahresdatum. Hermann Ilg bekam dazu eine Antwort aus den Sphären des Lichtes: »Ich weiß, daß Euch die Frage des Zeitpunktes ein wenig Kopfzerbrechen bereitet, wann die große Umstellung auf die höhere Schwingung des Lebens erfolgen wird. ... Ich sage es noch einmal, daß die Zeit reif ist für die Neuwerdung der Erde, und daß die Ernte der Fischezeit jetzt eingebracht wird. Sie wird zusammenfallen mit der Zeit, die auch Ihr mit ›Ernte‹ bezeichnet.«[62]

Vielleicht ist die genaue Jahreszahl auch gar nicht so wichtig, achtet man bewußt auf die Vorzeichen, die die Katastrophen ankündigen sollen: starke Erdbeben in der pazifischen Gegend, insbesondere bei Japan und Kalifornien sowie Vulkanausbrüche des Vesuv oder Mont Pelée. Der Winter vor dem Krieg soll milder sein als gewöhnlich; im Frühling soll im Nahen Osten ein Krieg beginnen, und in vielen europäischen Staaten herrschen innenpolitische Unruhen, so daß kurz vor Kriegsbeginn der Papst aus Rom flieht. Es gibt sogar den Hinweis, daß im Sommer vor Kriegsbeginn – wahrscheinlich als Folge der Vulkantätigkeiten – Schnee fallen wird. Kleine Meteoriten sollen auf die Erde prallen und Meteoritenstaub in die Erdatmosphäre eintreten. Einige Seher weisen sogar darauf hin, daß am Himmel als untrügliches Zeichen für die bevorstehenden Umwälzungen ein großes Lichtkreuz zu sehen sein wird.

Es sei nochmals erwähnt, daß nicht der Weltuntergang bevorsteht, auch geht die Erde nicht unter oder wird durch einen Atomkrieg verseucht und unbewohnbar. Die vorhandenen Weissagungen, die unmißverständlich auf die Katastrophen und deren Folgen für die Menschen hinweisen, sollen lediglich die Menschen zur Umkehr bewegen und eine neue Ära einleiten.

Der Start in die Goldene Ära

»Es wird eine lange Zeit des Friedens, der Liebe und Harmonie anbrechen, denn in der neuen Schwingung können keine Kriege und auch keine destruktiven Gedanken den Menschen mehr beherrschen. Es wird keine Unterdrückung des Volkes mehr geben, da diese niederen Schwingungen nicht mehr existieren werden. Und keine irdische Regierung, Armee oder Institution, egal welcher Art, kann dies alles verhindern.«[63] Auch hier wird nochmals deutlich, die Menschen überleben das Katastrophenszenario, und die Erde wird nicht untergehen.

Wie sich nun der Beginn des Goldenen Zeitalters gestalten wird, darüber gibt es unterschiedliche Weissagungen. Die einen Vorhersagen prophezeien, daß mit dem Ende der dreitägigen Finsternis die schreckliche Zeit vorbei ist und nach einer kurzen Anlaufzeit die friedliche beginnt. Die Menschen werden sich eine neue geistige Welt schaffen, indem sie sich und ihr Bewußtsein ändern; sie werden auf telepathischem Weg Kontakt miteinander aufnehmen können. Wie es heißt, vereinigen sich die christlichen Kirchen, und in Deutschland entsteht eine Monarchie. Ein Großer Monarch, vielleicht ein Franzose oder Deutscher, soll Europa in enger Zusammenarbeit mit dem Papst regieren.

Ilg verbreitet mit den Informationen, die er aus höheren Sphären erhalten hat, Hoffnung: »Aber die eigentliche Krönung des neuen Lebenszustandes ist darin zu sehen, daß keinerlei Rivalität herrschen wird, sondern ausschließlich die Erkenntnis einer menschlichen Gemeinschaft mit dem einen Ziel, die nächsthöheren Entwicklungsstufen so rasch als möglich zu erreichen, bis zum Grade der Vollkommenheit. Und auf diesem Wege begleiten euch viele Helfer der diesseitigen und jenseitigen Welten, denn das Leben ist eine kosmische Einheit auf unendlich vielen Seinsebenen, die Ihr alle einmal kennenlernen werdet.«[64]

Den Prophezeiungen anderer Seher zufolge herrscht ungefähr 25 Jahre Frieden, bevor ein Antichrist, der noch einmal tüchtig für Unruhe sorgen wird, in Erscheinung tritt. Der Antichrist, auch als Gegenspieler Jesu bezeichnet, wird versuchen, mit weltweiter Autorität und Gewalt alle Religionen zu verbieten und jegliche Macht an sich zu reißen.

Die Johannes-Offenbarung beschreibt das antichristliche Verhalten recht plastisch: »Und die ganze Welt staunte vor Verwunderung über das Tier; sie beteten den Drachen an, weil er dem Tier seine Vollmacht gegeben hatte, ja brachten dem Tier Lobpreis und Anbetung dar mit den Worten: Wer ist diesem Tier gleich? Wer kann mit ihm streiten? Ihm wurde gegeben ein Maul, große lästerliche Worte zu reden. Diese Vollmacht wurde ihm für zweiundvierzig Monate übertragen. Es tat das Maul auf zu vielen Lästerungen gegen Gott, es lästerte seinen Namen, seine himmlische Wohnung und auch die, die im Himmel ihre Heimat gefunden haben. Es wurde ihm auch erlaubt, den Kampf gegen die Heiligen aufzunehmen und sie zu besiegen, ja es wurde ihm Macht gegeben über alle Rassen, Völker, Sprachen und Nationen, und alle Bewohner der Erde werden das Tier anbeten mit Ausnahme derer, deren Namen seit Grundlegung der Welt im Lebensbuch des geschlachteten Lammes eingeschrieben sind.«[65]

Offensichtlich sitzt die Erdbevölkerung in den ersten Jahrzehnten nach der Wende doch noch nicht so sicher in ihrem religiösen Sattel, als daß sie nicht auf einen gewalttätigen Antichristen hereinfallen würde. Geistige Freiheit verspricht er, erlaubt sie aber nicht. Keine vier Jahre wird er herrschen, bis er wieder abgesetzt wird und dann endgültig, ab 2025, die tausendjährige Friedenszeit beginnen soll. Eine Zeit ohne Unterdrückung und Kriege, eine Zeit des Friedens, der Liebe und Harmonie.

KAPITEL 6

Das Leben nach der Wende – wirklich das versprochene Goldene Zeitalter?

Unabhängig davon, ob der Antichrist sein Unwesen treibt oder nicht, die Weissagungen sehen für die Jahre ab 2025 eine goldene, tausendjährige Friedenszeit voraus. Wie das Leben »danach« konkret aussehen soll, darüber schweigen sich jedoch die meisten Prophezeiungen aus.

Nicht so Chet B. Snow[66], der zwischen 1980 und 1984 tausend Menschen im Trancezustand in die Zukunft reisen ließ und so 133 Berichte für die Jahrhunderte zwischen 2100 und 2300 erhielt.

Das Ergebnis ist angesichts der prophezeiten goldenen Zeit verblüffend und soll dem Leser nicht vorenthalten werden. Denn danach scheint die Zukunft keineswegs eine Fortsetzung unserer heutigen Lebensweise, nur noch viel schöner, friedlicher, freier und harmonischer zu sein, eben so, wie man sich eine goldene, glänzende Zeit vorstellt: So wird es nicht ablaufen. Vielmehr wird das geistig-seelische Leben stark beeinflußt werden durch unerfreuliche Lebensbedingungen.

In den Berichten werden sogar nochmals Katastrophen und Verwüstungen für die Zeit zwischen 2080 und 2110 angekündigt; es wird auch weiterhin Gewalt, Morde, Hinrichtungen, Krankheiten und Unfälle geben, und es wird nicht viel zu spüren sein vom vorhergesagten goldenen Jahrtausend. Die Bevölkerungszahl wird sich, wahrscheinlich aufgrund des dritten Weltkrieges und der Naturkatastrophen, beachtlich reduzieren.

Nachdem Snow die Berichte der Versuchspersonen ausgewertet hatte, kam er zu dem Schluß, daß sich die Menschen ihr Leben in vier unterschiedlichen Umgebungen eingerichtet hatten, nämlich in »Behausungen 1) über der Erdoberfläche im ›inneren Weltraum‹ , entweder in Raumstationen und Raumschiffen oder in Experimentalkolonien auf anderen Planeten; 2) in ›neuzeitlichen Gemeinden‹ im Zeichen des neuen Zeitalters, gewöhnlich in den Bergen oder in Küstennähe; 3) in städtischen ›High-Tech-Siedlungen‹ , meist künstlich umschlossene oder unterirdische Städte; und 4) als ›ländliche Überlebende‹ in Dörfern im Stil etwa des neunzehnten Jahrhunderts, und dazu sechs im Schutt einstmals großer Städte hausende ›städtische Überlebende‹.«[67]

Eingeengt in Experimentalkolonien

Die Menschen, oberhalb der Erde lebend, ernähren sich nur von haltbar gemachten Lebensmitteln. Ihre Kleidung wird zumeist als einheitliche, metallisch silber- oder graufarbene, einteilige, eng anliegende Overalls beschrieben. Natürlich gibt es auch einige Ausnahmen. Ihre Umwelt ist kein richtiges, gemütliches Zuhause, es fehlen häufig wirkliche Familien- oder andere emotionale Bande.

Einige Versuchspersonen schilderten, daß sie dort ein eingeengtes und unglückliches Dasein geführt haben und einsam gewesen sind.

Freiraum in natürlicher Umgebung

Die zweite Lebensvariante verspricht ein neues Zeitalter, das in lebensfreundlichen Gemeinden in natürlicher Umgebung stattfinden soll. Es gibt mit Bäumen und Sträuchern bewachsene wellige, grüne Hügel. Die Menschen leben in gemäßigtem Klima mit frischer und gut atembarer Luft. Offene Gartenflächen oder Gewächshäuser werden mit in die Gebäude einbezogen.

Offenbar hat die Herstellung einer harmonischen Verbindung von Technologie und Natur für die Bewohner eine große Bedeutung. Familie ist wichtig. Telepathie und andere psychische Fähigkeiten und Kräfte scheinen in diesen Lebensgemeinschaften besonders ausgeprägt zu sein. Snow bezeichnet diese Gesellschaftsform als kreative »New-Age-Gemeinschaften«, die sich darum bemühen, Körper und Seele zu vereinen.

Das durchschnittliche Lebensalter dieser Menschen liegt bei 92,4 Jahren, das der Experimentalkolonie-Bewohner bei 75,5 Jahren, und die Bewohner der High-Tech-Siedlungen werden rund 59,8 Jahre alt.

Menschliche Kälte durch High-Tech-Leben

Deren Städte können Snow zufolge »den Triumph eines kalten, mechanischen Systems einer zukünftigen Gesellschaft darstellen, die sich hauptsächlich dem physischen Überleben verschrieben hat«.[68] Die in Trance versetzten

Versuchspersonen beschrieben sie folgendermaßen: Diese Städte, angelegt in künstlichen Blasen, sind von der äußeren Atmosphäre abgeschirmt, eine Sauerstoffversorgung von außerhalb ist kaum möglich. Sie befinden sich auf der Erde, aber auch unterirdisch oder in Höhlen und haben keinen direkten Zugang zur freien Natur. Es gibt keinen Regen und keine natürlichen Gewässer wie Brunnen, Seen oder Flüsse, und die Erde außerhalb der Kugel ist steinig, öde, rauh und wüstenartig. Die Lebensgemeinschaften werden gebildet, um zu überleben, eine wirkliche Kommunikation dürfte schwierig sein. Es sind emotional kalte Städte.

Primitiv und einfach, aber nicht unbedingt unglücklich

Die vierte Lebensform bilden die »primitiv Überlebenden«, wie Snow es ausdrückt. Es sind städtische und ländliche Lebensformen auf der Erde. Diese Menschen sind die einzigen der beschriebenen Gruppen, die Fleisch essen, Rind, Hähnchen, Kaninchen. Exotische oder künstliche Lebensmittel gibt es nicht. Ihr Lebensstil basiert darauf, nur den Grundbedarf zu decken, dementsprechend gibt es wenig Luxus oder Bequemlichkeit. Die Menschen sind nicht besonders unglücklich, auch wenn eine gewisse Isoliertheit besteht. Sie führen das Dasein »eines unkomplizierten, aber ziemlich einsamen Lebens in kleinen Weilern und religiösen Gemeinden oder auf Farmen«.[69]

Diese vier unterschiedlichen Lebensformen, verteilt über die ganze Welt und ohne jeglichen Kontakt zueinander, entwickeln sich zunächst getrennt voneinander, verändern sich mehr und mehr und gehen nach dem Jahr 2300 aufeinander zu: Die künstliche Welt interessiert sich für Spiritualität, die kreativ-spirituellen Gemeinschaften entdecken, daß sie mit einer humanen Wissenschaft und Technologie noch besser leben könnten, und selbst zu den primitiveren Gesellschaften wachsen Berührungspunkte.

KAPITEL 7

Geht es um die Zukunft, schweigt der Papst

Glaubt man den Progressionsergebnissen, so startet die wirklich friedliche, goldene Zukunft nach Chet B. Snow offensichtlich erst in einigen hundert Jahren. Die Weissagungen der Versuchspersonen und die vieler Propheten und Seher scheinen sich auszuschließen und zu widersprechen.

Nimmt man an, daß schon zum Jahre 2025 die bessere Zeit anklopft und es nicht nur den Menschen wieder einigermaßen gut geht, sondern auch der Kirche, dann hat der Papst allerdings noch einige Hürden zu überspringen.

Das katholische Oberhaupt scheint vor unlösbaren Problemen zu stehen

Welch schwierige Zeit auf die Kirche zukommt, kann man nur erahnen aufgrund der Gerüchte, die sich schon seit Jahrzehnten um das dritte Geheimnis von Fatima ranken und die langsam, aber sicher die dicken Mauern des Vatikans durchdringen und nach außen an die Öffentlichkeit gelangen.

Was steckt hinter dem dritten Geheimnis von Fatima? Im portugiesischen Bergdorf Fatima geschah vor 80 Jahren mit den drei Seherkindern Lucia, Francesco und Jacinta folgendes: Im Verlauf des Sommers 1917 hatten sie mehrere Male Marienerscheinungen, dabei wurden ihnen am 13. Juli 1917 drei Geheimnisse anvertraut. Die beiden ersten bezogen sich auf das Ende des ersten und den Beginn des zweiten Weltkrieges und sind somit eingetroffen. Anfang 1944 schrieb Lucia, nunmehr Ordensschwester in einem Kloster, nach einer schweren Krankheit das dritte, noch nicht erfüllte Geheimnis nieder.

Es ist zwar mittlerweile im Vatikan angekommen, mit der Aufforderung an den Papst, entweder, wenn Lucia stirbt, oder 1960 das dritte Geheimnis der Öffentlichkeit bekanntzugeben. Aber es liegt dort noch immer unter Verschluß. Papst Johannes Paul II. kennt sehr wohl den Inhalt, möchte es aber weiterhin unveröffentlicht lassen. Warum?

Vielleicht, weil das dritte Geheimnis prophezeit, daß sich die christliche Kirche zum Ende des Jahrhunderts in einer tiefen Krise befinden wird, eventuell in der tiefsten der letzten Jahrhunderte, und daß sich viele Menschen vom christlichen Glauben abwenden werden? Dies scheinen die massenhaften Kirchenaustritte, die seit einigen Jahren zu beobachten sind, zu bestätigen.

Papst Johannes Paul II. antwortete 1980 auf die Frage eines Pilgers, was in der Kirche geschehen werde: »Wir müssen uns wohl in Bälde auf große Prüfungen gefaßt machen. Ja, die sogar den Einsatz unseres Lebens fordern können ... Es kann gemildert werden durch euer und Unser Gebet, aber nicht mehr abgewendet werden! Nur so kann die wirkliche Erneuerung der Kirche kommen. Wie oft schon wurde im Blut die Erneuerung der Kirche geboren. Nicht anders wird es auch diesmal geschehen.«[70] Hat Papst Johannes Paul II. schon über die prophezeite Vertreibung aus dem Vatikan nachgedacht und Fluchtpläne geschmiedet? Noch etwas soll das Geheimnis verbergen, das den Papst zu Veränderungen innerhalb seiner eigenen Institution zwingt, will er die Erfüllung der Weissagung verhindern: »Fatima« soll die Menschen zu Buße und Umkehr aufrufen; wenn dies jedoch nicht geschähe, würden schlimme Zeiten für die Menschen anbrechen.

»Was der Mensch nicht weiß, macht ihn nicht heiß« – ein päpstliches Motto?

Zwar hätte das dritte Geheimnis bis 1960 bekanntgegeben werden sollen, aber bis heute, 1997, hat sich keiner der Päpste durchringen können, es zu veröffentlichen. Obwohl die Zeit drängt – der Jahrtausendwechsel und die für diese Zeit angekündigten Katastrophen stehen bevor – hüllt sich der Papst weiterhin hartnäckig in Schweigen.

Auf die nachbohrende Frage eines Korrespondenten der katholischen Zeitschrift ›Stimme des Glaubens‹ , ob das Geheimnis von Fatima nicht 1960 hätte veröffentlicht werden sollen, antwortete Papst Johannes Paul II. schon vor 17 Jahren: »Außerdem sollte es ja jedem Christen genügen, wenn er folgendes weiß: Wenn zu lesen steht, daß Ozeane ganze Erdteile überschwemmen, daß Menschen von einer Minute auf die andere abberufen werden, und das zu Millionen, dann sollte man sich wirklich nicht mehr nach der Veröffentlichung des Geheimnisses sehnen. Viele wollen nur wissen, aus Neugierde und Sensationslust, vergessen aber, daß Wissen auch Verantwortung bedeutet. Es ist gefährlich, wenn jemand nur seine Neugierde befriedigen will, wenn er nicht gleichzeitig darauf vorbereitet ist, etwas zu tun, oder wenn jemand überzeugt ist, daß wir nichts tun können, um das vorhergesagte Unglück zu verhindern.«[71]

Damit bestätigt der Papst indirekt, daß die bevorstehenden Ereignisse eintreten, wenn sich die Menschen nicht ändern. Aber die vom Fatima-Geheimnis Betroffenen, die Menschheit, hat er bisher nicht offiziell und öffentlich darüber informiert, so daß sie die Warnung hätten verstehen und darauf reagieren können.

Schweigen ist Bronze, Reden wäre Gold

Ansonsten gibt es aus dem Vatikan, was die Zukunft betrifft, entweder recht unkonkrete Antworten, oder man bleibt ganz stumm. Wahrscheinlich wurde dort ein Schweigegebot verhängt.

Kardinal Ratzinger, Präfekt der vatikanischen Glaubenskongregation, von mir gefragt, wie die katholische Kirche das ausklingende 20. und das beginnende 21. Jahrhundert einschätzt – ob es tatsächlich einen dritten Weltkrieg, eine Sonnenfinsternis und Naturkatastrophen geben wird, ob dabei ein Drittel der Erdbevölkerung sterben wird und ob die Menschen diese drastischen Veränderungen noch verhindern können und wenn, wie, und ob sich dadurch die politischen, wirtschaftlichen, sozialen und religiösen Machtverhältnisse ändern werden –, antwortete nicht persönlich, sondern lediglich durch seinen Sekretär, Msgr. Dr. Josef Clemens – wörtlich: »Sehr geehrte Frau Ludwig! Herr Kardinal dankt für Ihre freundliche Einladung zu einem Interview für das von Ihnen geplante Buch. Aufgrund seiner wachsenden dienstlichen Verpflichtungen ist ihm zu seinem großen Bedauern ein Beitrag nicht möglich.«

Ob es wirklich nur die großen »dienstlichen Verpflichtungen« sind, die verhindern, daß eine klare Antwort von päpstlicher Seite kommt? Es wäre doch eine gute Gelegenheit für den Vatikan gewesen, seine Position zu der bevorstehenden Zeit neu und klarer zu vertreten als bisher, um das Geheimnis von Fatima zu lüften.

Kapitel 8

Was spricht der Zukunftsforscher?

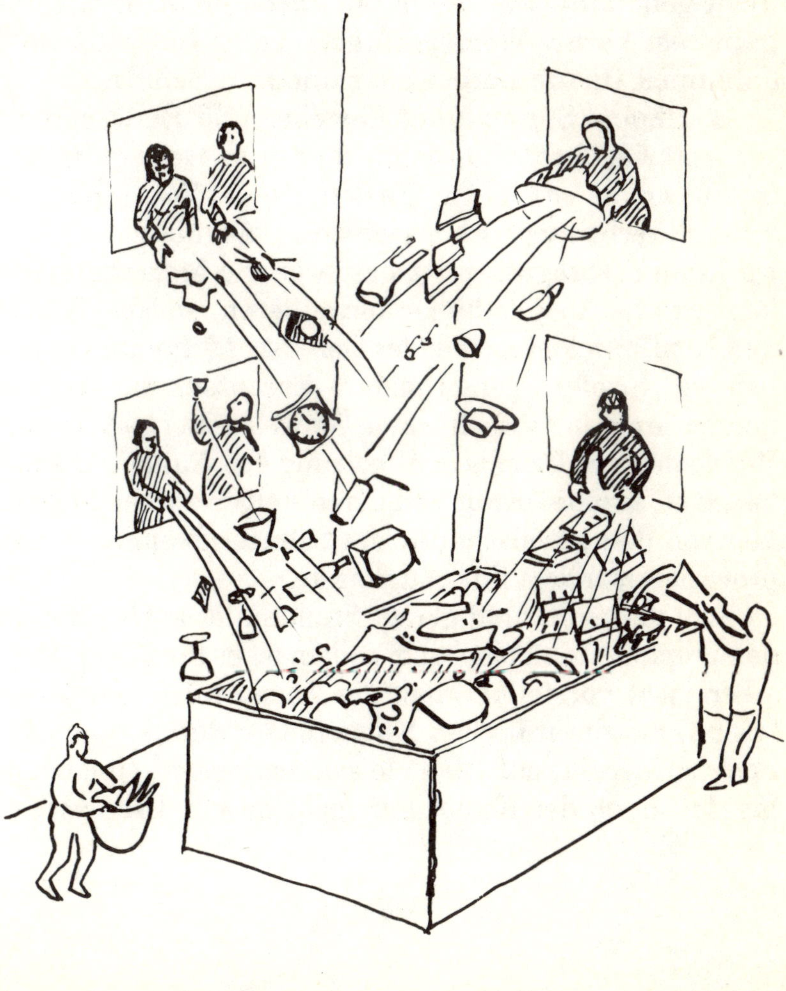

Der Mensch entscheidet, wie der Wandel verläuft

Das katholische Oberhaupt hüllt sich in Schweigen, und viele Zukunftsforscher glauben, daß sich die Gesellschaft evolutionär weiterentwickeln wird; das heißt, durch Katastrophen verursachte Veränderungen und Einschnitte wird es nicht geben. Sie blicken in die nächsten 50 Jahre, als gäbe es keine Weissagungen von Nostradamus, Johannes, Jakob Lorber oder anderen Sehern.

Karlheinz Steinmüller, Physiker und Philosoph im »Sekretariat für Zukunftsforschung« in Gelsenkirchen, formuliert es so: »Unser Institut steht Weissagungen generell recht skeptisch gegenüber. Denn die Basis unserer Zukunftsprognosen ist das, was die Menschen denken, welche Ansprüche sie formulieren, welche Trends und Konfliktfelder sich in der Gesellschaft herauskristallisieren. Insofern gehen meines Erachtens die Weissagungen an den tatsächlichen Umwelt- oder politischen Problemen wie Ozonloch, Abholzung der Wälder, Arbeitslosigkeit, soziale Armut und deren Folgen vorbei. Sie lenken von den gesellschaftlichen Schwierigkeiten ab und provozieren zudem Zukunftsängste.«

Aus diesem Grund glaubt Steinmüller auch nicht an den prophezeiten Polsprung; zudem ist es für ihn als Physiker nicht vorstellbar, daß ein Komet solch eine Kraft besitzt, um die irdischen Magnetfelder derart durcheinanderzuwirbeln, daß die Pole sich verlagern – unabhängig davon, ob der Komet nur dicht an der Erde vorbeifliegt, sie tatsächlich streift oder auf sie herabstürzt. Einschneidende, plötzliche Veränderungen stehen seiner Meinung nach nicht an; aber trotzdem oder vielleicht gerade deswegen sei es wichtig, »daß der Blick in die Zukunft ein ganzheitlicher ist, der dann auch Veränderungen in den Lebensstilen und Werthaltungen nach sich zieht«, schlägt Steinmüller die Brücke zu notwendigen Veränderungen, die mittlerweile von weiten Kreisen der Gesellschaft gefordert werden. Gemeint ist damit keineswegs eine »radikale Umkehr, sondern eine kontinuierliche Weiterentwicklung hin zu einem neuen Leitbild: Ein Leben im Einklang mit der Natur und mit uns selbst«.[72]

Diese Forderung ist auf wissenschaftlich-futurologischer Seite schon lange unüberhörbar geworden. Nötig dazu wäre nicht nur eine Umkehr im menschlichen Bewußtsein, es ist auch eine andere Politik, eine Politik der kleinen Schritte gefragt, die einen grundlegenden Wandel in Wirtschaft, Verkehr, Arbeit, Medizin, Konsum garantiert, wobei verändertes menschliches Bewußtsein und veränderte Politik Hand in Hand gehen. Soll die Erde noch im Jahre 2050 bewohnbar sein, sind eine ganzheitliche Sicht- und Lebensweise und damit veränderte Lebensstile für die Zukunft angesagt.

Ob Weissager oder Zukunftsforscher, sie sind überzeugt, daß sich im Umgang, Verhalten und Denken der Menschen etwas ändern muß, sollen »die Bedürfnisse der heutigen Generationen so befriedigt werden, daß auch kommende Generationen noch die gleiche Chance haben, ihre Bedürfnisse zu befriedigen«. Folgt man diesem vom UNO-Umweltgipfel 1992 aufgestellten, weltweiten Leitbild, kann dann eine Entwicklung einsetzen, die die Natur, ihre Reserven und die menschliche Abhängigkeit davon stärker in den Vordergrund rückt als bisher.

Keinem Menschen gehört die Erde, er hat sie sich nur vorübergehend geliehen. Damit hat »jede Generation die Erde treuhänderisch zu nutzen und nachfolgenden Generationen eine möglichst intakte Natur zu hinterlassen«.[73]

Allerdings, so sagen viele Propheten, halten die Menschen nicht auf ihrem bisherigen Weg inne, denken nach und legen den Rückwärtsgang ein, dann reinigt und heilt sich die Erde durch Katastrophen selbst. Erst wenn die Menschen ihre passive, egoistische Konsumentenhaltung verlassen, das Leben aktiv umorganisieren, sich an Entscheidungen beteiligen und dafür Verantwortung übernehmen, wird ein positiver, evolutionärer Wandel möglich sein.

KAPITEL 9

Energetische Rettung aus dem Kosmos?

Liest man das Kapitel »Das Leben nach der Wende – wirklich das versprochene Goldene Zeitalter?«, dann treten Zweifel auf an der von anderen Sehern versprochenen goldenen Zukunft. Aber es liegt in Menschenhand, sich die Gegenwart und, damit verbunden, eine goldene Zukunft zu gestalten. Wer sie möchte, darf nicht abwartend der Dinge harren, die kommen, der muß sein Leben in die Hand nehmen und es bewußt unter Berücksichtigung der kosmischen Gesetze gestalten.

Mit der Maniah-Energie zurück zum Ursprung

Unterstützend soll dabei eine Energie wirken, die es in der dritten Dimension, also auf der Erde, bisher nicht gegeben hat, die Maniah-Energie. Da sie eine starke, intensive Energie ist, kann sie dazu beitragen, daß sich das Bewußtsein der Menschen schneller entwickelt als bisher. Sie kann ihnen Mut machen, die alten Lebensstrukturen zu verlassen und sich für ein neues, positives Denken zu öffnen. Als Kommunikations- und Heilenergie soll sie dazu beitragen, daß die Menschen toleranter, fürsorglicher, liebe- und rücksichtsvoller miteinander umgehen.

Gerade beim jetzigen Übergang vom Fische- in das Wassermannzeitalter benötigen die meisten Menschen eine starke »Energiezufuhr«, mit der sie ihre eigene Schwingungsfrequenz erhöhen können und bei ihrem Weg durch den Photonenring geschützt sind. Daher hat die Maniah-Energie die Aufgabe, dem Menschen einen Zugang zur geistigen Welt zu verschaffen, ihn auf den Weg zu seinem göttlichen Ursprung zu bringen und die geistige und irdische Welt miteinander zu verbinden. Schafft sie das, dann hat sie ihre oberste Pflicht erfüllt, nämlich die Erdbevölkerung vor dem prophezeiten dritten Weltkrieg und den vorausgesagten Katastrophen zu bewahren. Dann könnte tatsächlich der von den Zukunftsforschern erwartete sachte, evolutionäre Veränderungsprozeß stattfinden.

Woher stammt diese besondere Energie, wer hat sie hierher gebracht, wie hilft sie?

Vom Planeten Nexus stammt die Maniah-Energie

Das Medium Marita Lautenschläger, seit über 30 Jahren auch als Hellseherin tätig, hat die Maniah-Energie sozusagen auf der Erde eingeführt. Ihre erste Vision hatte sie als kleines Kind, mit 16 oder 17 Jahren sagte sie ziemlich treffsicher die Zukunft ihrer Freunde und Bekannten voraus, aber erst im Erwachsenenalter wurde sie sich ihrer medialen Fähigkeiten bewußt, als sie Stimmen hörte.

Wie sie mir in mehreren Gesprächen erzählte, gehört der Kontakt zur geistigen Welt mittlerweile zu ihrem Alltag, und sie unterhält sich mit den Engelwesen sowohl telepathisch als auch in Worten. Vor zwei Jahren kam es zu ihrer eigenen Überraschung zum ersten Kontakt mit dem Erzengel Michael: »Er teilte mir mit, daß ich damals den Planeten Nexus mit einem besonderen Auftrag verlassen mußte, um mich auf die Erde zu inkarnieren und hier die Maniah-Energie zu verbreiten. Sie ist eine reine, kräftige und intensive Energie, die auf einer hohen Frequenz schwingt und aus den höheren Lichtebenen stammt. Ich trage sie schon seit meiner Geburt in mir, allerdings war sie bis zum Kontakt mit ›Michael‹ verkapselt, so daß ich sie nicht bemerkt habe. Im Jahre 1996 wurde sie innerhalb von sechs Monaten mehrmals in mir aktiviert. Dabei befand ich mich in einem tranceähnlichen Zustand und sah plötzlich ein ganz helles Licht, mir wurde immer wärmer, sogar so heiß, daß ich das Gefühl hatte, innerlich zu verbrennen. Nach einiger Zeit verlosch das warme und gleißende Licht, und ich erwachte aus der Trance.«

Noch vor knapp 50 Jahren sei sie auf dem Planeten Nexus, wie heute auf der Erde auch, für die Verteilung der Maniah-Energie zuständig gewesen. Mit ihr habe sie Kontakte unter vielen, auch miteinander verfeindeten Planeten herstellen können.

Die Erde verschafft sich Platz für Positives

Ursprünglich, plaudert Marita Lautenschläger weiter aus ihrer »Kinderstube«, gehörte Nexus zum Sonnensystem Alpha Zentauri, ist vor vielen tausend Jahren jedoch in die nächsthöhere, in die vierte Dimension übergewechselt. Unter den bereits elf aufgestiegenen Planeten ist er der sechste gewesen. Lediglich die Erde mit ihrer niedrigen Schwingungsfrequenz – sie befindet sich als einziger Planet noch in der dritten Lichtebene – fehlt noch, um den Zwölferzyklus der aufgestiegenen Planeten zu vollenden. Allerdings, berichtet Lautenschläger, steht die Erde mit dem Wechsel vom Fische- in das Wassermannzeitalter vor diesem Aufstieg. Hat sie den Schritt nach oben geschafft, wird sie irgendwann, wenn sie in entfernterer Zukunft darauf vorbereitet ist, gemeinsam mit den anderen elf Planeten in die fünfte Dimension, eine reine Astralebene, weitergehen. Dort verläßt der Mensch dann seinen physischen Körper und wechselt in einen feinstofflichen Körper über.

»Damit kommt der Mensch dem Urschöpfer immer näher. Das ist auch der Grund, weshalb der Mensch auf der Erde lebt: Er soll sich weiterentwickeln und vervollkommnen, indem er dem hellen göttlichen Licht entgegenstrebt, das um so heller und leuchtender scheint, je höher der Mensch in den Lichtebenen aufsteigt.«

Allerdings können, wie Marita Lautenschläger weiter ausführt, die Erde und alle auf ihr lebenden Wesen den Weg aufwärts nur dann erfolgreich meistern, wenn sie die entsprechenden energetischen Schwingungen aufweisen. Dazu muß die Erde gereinigt sein, und alles Negative, das eine niedrig schwingende Frequenz besitzt und das die Menschen im Laufe der Jahrtausende angesammelt haben, muß weggewischt und Platz für positives Denken und Handeln, für die höher schwingende Energie geschaffen werden.

Zwar reinigt sich die Erde schon seit einigen Jahren selbst durch Vulkanausbrüche, Überschwemmungen und Hochwasserfluten, aber wenn sich das spirituelle Bewußtsein der Menschen nicht erhöht, dann benötigt die Erde eine stärkere Reinigungsprozedur als bisher, so daß sich die von vielen Weissagern angekündigte Unheilskette in Gang setzen wird, befürchtet die Hellseherin. Und verbreitet sogleich wieder Hoffnung auf friedvolle Veränderungen: Denn gerade mit dem Eintritt in das Wassermannzeitalter wird die Erde durch die starke Lichtenergie der Zentralsonne beeinflußt, so daß sie ihre eigene Schwingungsfrequenz in relativ kurzer Zeit drastisch erhöhen kann. Helfen ihr die Menschen dabei noch zusätzlich, indem sie ihre Schwingungsfrequenzen mit Unterstützung der Maniah-Energie und durch einen bewußteren und achtsameren Umgang mit sich selbst, mit anderen, mit der Umwelt und der Erde insgesamt erhöhen, dann werden die vorhergesagten »Reinigungsszenarien« überflüssig.

Sumner bezeichnet den Vorgang der Bewußtwerdung als eine Erneuerung der Erde: »Alles, was geistig nicht hoch genug entwickelt ist, um empfänglich für diese höheren Schwingungen zu sein, um mit ihnen zu harmonisieren, wird unterliegen und von der Bildfläche verschwinden, damit die aufbauenden Kräfte auf ihr wohltätiges Ziel losgehen können, ohne durch Einmischung von zerstörenden Kräften noch weiter behindert zu werden.«[74]

Durch Liebe wächst der Lichtfunke

Die biologischen Selbstreinigungsprozesse der Erde und der menschlich-geistige Entwicklungsprozeß stehen in einer Wechselbeziehung, sie sind abhängig voneinander. Die Maniah-Energie besitzt zwar eine starke, intensive Kraft, hilft aber auf sanfte, schnellwirkende Weise, den Geist nach »oben« zu befördern, die Menschen für das notwendige spirituelle Denken, Handeln und Leben und so für die höheren energetischen Schwingungen zu öffnen.

»Habe ich einem Menschen die Maniah-Energie übertragen, erweitert sich ihr Lichtfunke mit jedem selbst noch so kleinen bißchen Mehr an Liebe und Wärme, die der Mensch empfindet, bekommt und weitergibt. Mit diesem ›bißchen Mehr‹ und der dabei größer werdenden inneren Energie denkt und handelt der Mensch wiederum ein bißchen positiver. Die Maniah-Energie wirkt wie eine Spirale, die sich dadurch, daß sie da ist und sich mit menschlicher Wärme, Liebe, Güte und Respekt vermischt, nach oben schraubt und vermehrt. Nur mit diesen von den Menschen ausgehenden positiven, hohen Schwingungen wird das Negative verhindert.«

Das Goldene Zeitalter doch in Sicht?

Ein Mensch, der von dieser Energie erfüllt ist, strahlt in einem hellen, von innen herausscheinenden Licht. Er leuchtet nicht wie die Sonne, sondern von ihm geht etwas Leuchtendes, Strahlendes aus. Er verbreitet um sich herum eine innere Wärme, das Gefühl, andere Menschen zu lieben und zu respektieren. Das materielle und egoistische Ellenbogen-Denken, Gier, Neid, Haß, Habsucht benötigt er nicht mehr, um daraus sein Selbstwertgefühl und Selbstbewußtsein zu ziehen. Er ist einfacher, genügsamer, bescheidener geworden und in seiner göttlichen Mitte angekommen. »Das ist das Ziel Gottes«, faßt Lautenschläger zusammen. »Er möchte, daß die Menschen zu ihrem Ursprung zurückfinden, wobei es dann überhaupt keine Rolle mehr spielt, welcher Hautfarbe, Religion oder welchem Land ein Mensch angehört, rassistische und nationalistische Gedanken sind verschwunden. Der Weg dorthin ist eine rückwärts- und gleichzeitig vorwärtsgerichtete Entwicklung. Rückwärts im Sinne eines Weg von der Rationalität und vorwärts im Sinne eines Hin zu der geistigen Welt, bis ein ausgewogenes Verhältnis zwischen beiden hergestellt ist. Das bedeutet nun nicht, daß die Erfahrungen und technischen Hilfsmittel, die sich die Menschen in der Medizin, Landwirtschaft oder Raumfahrt erarbeitet haben, aufgegeben werden müssen. Ganz im Gegenteil, sie sollen nicht nur beibehalten, sondern sogar weiterentwickelt werden; jedoch so, daß sie dem Menschen nicht mehr schaden, er soll von ihnen profitieren. Die Lebens- und Arbeitswelt wird so beschaffen sein, daß man arbeitet, um zu leben und nicht wie bislang lebt, um zu arbeiten.«

Trotzdem wird jeder seinen eigenen, freien Willen leben können. Zwar glaubt das Medium, daß es auch zukünftig jemanden geben wird, der eine Führungsposition übernehmen und die Menschen lenken wird, »aber er wird dies mit Liebe, Toleranz und Respekt erreichen, ohne Bevormundung und ohne jemandem seine Meinung aufzuzwingen«. Dies klingt ganz nach dem versprochenen Goldenen Zeitalter. Selbst Nostradamus hat in seinen Prophezeiungen vorhergesagt, daß eine Zeit kommen wird, in der jemand die Menschen auf friedliche Weise führen wird.

Maniah-Energie schützt beim Aufstieg

Die Maniah-Energie hat noch eine weitere Wirkung: Während des Wassermannzeitalters bewegt sich die Erde im Photonenring. Je näher sie dabei der Zentralsonne kommt, um so stärker beeinflußt deren energetische Schwingung die Erde.

»Je höher die Grundschwingungsfrequenz des Menschen ist, je stärker er sich also energetisch aufgeladen hat, in um so höhere kosmische Lichtebenen oder Dimensionen dringt der Mensch vor und um so einfacher wird für ihn der Aufstieg, das heißt der Übergang in die nächste Dimension. Es wird eine enorme Energie sein, an die sich alle irdischen Lebewesen erst einmal anpassen müssen und die schwer zu ertragen sein wird. Da der Mensch weder im biologischen noch im totalen Astralkörper in die vierte Dimension aufsteigt, sondern in einer Verschmelzung von beiden, und da die Maniah-Energie eine stark reinigende und hochwirksame Lichtkraft ist, befreit sie den Menschen vom Negativen und unterstützt ihn bei seinem Übergang in die andere Dimension, das heißt bei der Verschmelzung seines physischen und astralen Körpers«, erklärt Lautenschläger.

Obwohl die Menschen beginnen, die irdische Polarität – gut und böse, negativ und positiv, männlich und weiblich, feststofflich und feinstofflich – mit Unterstützung der starken Lichtkräfte der Zentralsonne aufzulösen und den Weg zurück zur ursprünglichen Einheit zu gehen, wird es noch einige Jahrzehnte oder vielleicht sogar Jahrhunderte dauern, bis dieser Verschmelzungsprozeß endgültig abgeschlossen sein wird.

Eine kurze Reise zurück zum Ursprung

Wieso macht die Erde erst jetzt den Schritt nach oben und nicht wie Nexus oder andere Planeten schon vor Milliarden von Jahren? Warum haben die Menschen ihre ursprüngliche Ganzheit verloren, und was hinderte sie so lange Zeit daran, sie wiederherzustellen?

Die Antworten darauf kennt das Medium Lautenschläger recht genau, da sie, wie sie sagt, ihr Wissen über die irdische Geschichte, das viele Menschen nicht haben, aus den lichten Sphären mitgebracht habe. Immerhin habe sie vor noch nicht einmal 50 Jahren auf dem Planeten Nexus gelebt und damit nicht so viel von ihrem Astralwesen verloren wie jemand, der schon mehrere Male als Mensch reinkarniert war. Mit ihren medialen Fähigkeiten stehe sie in ständigem Kontakt mit den Engelwesen, die sie informieren: Die Menschen haben aufgrund ihrer Entwicklung vergessen, daß alles miteinander verflochten und verbunden ist, daß jeder Mensch Teil eines Ganzen, Teil der Schöpfung ist und daß sie diesen göttlichen Teil in sich bergen.

Die schwierige Phase, die die Menschen zur Zeit durchleben, diene dazu, sie zum Nachdenken zu bewegen. Sie sollen sich wieder auf den Weg ins eigene Innere machen, um die Verbindung mit dem kosmischen Urschöpfer zu finden.

Über die irdische Vergangenheit berichtet sie: »Nach dem Willen des Urschöpfers oder Gottes hatte die Erde eine bestimmte Aufgabe: Sie sollte der Ort sein, an dem die Menschen ihren freien Willen erfahren konnten. Da Gott vollkommen und ohne jegliche Fehler ist und da er den Menschen nach seinem Ebenbild geschaffen hatte, brauchten vor Milliarden von Jahren die geistigen Wesen, die in ätherischer, also durchsichtiger Form lebten, keinen eigenen Willen, da sie ganz in göttlicher Liebe aufgingen. Sie waren dafür geschaffen worden, ein schönes, himmlisches Leben zu führen, ein Leben in Liebe und Zuneigung, in geistiger Vollkommenheit und Einheit. Wie bei einem genetischen Plan wußten alle, wozu sie da waren, welche Aufgaben sie hatten und wohin sie gehörten. Auf vielen anderen Planeten, auch in unserem Sonnensystem, gibt es hochentwickeltes Leben in ätherischer Form, die unser physisches Auge jedoch nicht wahrnehmen kann. Diesem ganzheitlichen Zustand wurde in dem Moment ein Ende gesetzt, als Gott den Lichtwesen, die wir alle einmal waren, einen freien Willen und damit die Freiheit gab, nach eigenen Vorstellungen zu handeln. Er wollte wissen, wie weit sie diesen freien Willen – im negativen wie auch im positiven Sinne – nutzten.« Ort des Geschehens: die Erde.

Freiheit – das irdische Verhängnis

Für das Medium Barbara Marciniak begann der Urschöpfer vor langer Zeit in diesem Universum mit der Schöpfung zu experimentieren, um sich selbst besser entdecken und ausdrücken zu können und um größere Befriedigung zu finden.[75]

Lautenschläger sagt weiter: »Folge des Experiments: Im Laufe der Milliarden Jahre entwickelten sich einige Geistwesen von der astralen Lichtgestalt zum heutigen Menschen in fester Materie. Diese Veränderung fand statt auf der Basis von negativen Gedanken, die sich allmählich entwickelten; also auf energetischer Ebene, da jeder Gedanke Energie bedeutet. Negative Gedanken des Hasses, Neids, der Mißgunst und Habgier weisen eine niedrigere Schwingung auf und verursachen somit eine dichtere Atmosphäre[76]: Da die Menschen den freien Willen hatten, sich zwischen Gut und Böse, zwischen fester Materie und feinstofflichen Lichtwesen zu entscheiden, entschieden sich einige für die Materie und vergaßen ihren Ursprung, die Liebe, Wärme und Zuneigung, die sie ursprünglich einmal gehabt hatten. Nach und nach erinnerten sie sich nicht mehr an ihr Urbewußtsein, ihren göttlichen Ursprung, so daß sie ihre wahren Aufgaben nicht mehr erkennen konnten, sie werden diese aber bei der bevorstehenden Wende wiederentdecken. Aus der Erde entstand ein Planet der Dualität, der Gegensätze; der Mensch unterscheidet zwischen Gut und Böse, männlich und weiblich, innen und außen.

Obwohl es ein sehr mühseliger Weg ist, geht die Erde dennoch die Strecke zurück zur kosmischen Einheit, zum Licht, zum göttlichen Ursprung. Gerade auch in der jetzigen Zeit begreifen immer mehr Menschen, daß sie nur nach den kosmischen Gesetzen leben können, wollen sie glücklich werden. Damit sich dieser Erkenntnisprozeß schneller vollzieht, wird er von der Maniah-Energie unterstützt.«

Die Erde geht nicht unter, sie steigt auf

Marita Lautenschläger glaubt nicht, daß sich die Menschen in den nächsten Jahren vor dem prophezeiten dritten Weltkrieg und den angekündigten Katastrophen fürchten müssen. Denn zum einen rechnet sie fest mit der Hilfe von »oben«: Hätte die Erde nach Gottes Plan vernichtet werden sollen, dann hätte es dazu allein schon durch die Atombombe genügend Möglichkeiten gegeben, und vor allem wäre nicht die stark verbindende und kraftvolle Kommunikationsenergie vom Planeten Nexus auf die Erde geschickt worden; gerade zum jetzigen Zeitpunkt werde sie nämlich dringend gebraucht.

Zum anderen sieht sie, daß sich der Mensch für die bevorstehende neue Zeit öffnet, sowohl seine eigene Schwingungsfrequenz und die der Erde durch positive

Gedanken und Handlungen erhöht als auch die Maniah-Energie in sich wirken läßt. Durch die hohen Schwingungen der in sich ruhenden und »positiv lebenden« Menschen könne sich die Erde vom negativen Ballast befreien.

Zum dritten werde der Mensch, unterstützt durch die Maniah-Energie, keine oder nur wenig Anpassungsschwierigkeiten haben, wenn die hohen, aus dem Photonenring kommenden Energiestrahlen auf ihn treffen. Im Gegenteil: Durch die einfließenden Energien erhöhe er sogar seine eigene Schwingung. »Das gilt für ungefähr zwei Drittel der Erdbevölkerung. Die anderen, die weiterhin nach dem Materiellen, nach Macht, Geld oder Egoismus streben und an den alten Lebensgewohnheiten festhalten«, räumt sie ein, »können die einströmenden Energien nicht verkraften, da sie ihre Schwingungen nicht genügend angehoben haben. Sie werden den Aufstiegsprozeß nicht überleben.« Dennoch seien diese Menschen nicht verloren, da sie sich auf einem anderen, ihren Schwingungen entsprechenden Planeten erneut verkörpern könnten.

Auch nach dem Aufstieg in die nächste Lichtebene werde es die Erde noch geben. »Sie wird verändert sein«, prophezeit die Hellseherin, »insofern, als sie sich aller Schadstoffe entledigt hat. Das Wasser wird sauber, die Luft rein und die Pflanzen werden gesund und kräftig sein. Das Bewußtsein, das spirituelle Denken der Menschen, hat bis dahin, auch durch die Maniah-Energie, erheblich zugenommen.«

Ist also doch die Goldene Ära in Sicht?

KAPITEL 10

Raumschiffe aus dem Kosmos – unsere letzte Überlebenschance?

Viel Zeit, um das nötige, »katastrophenverhütende« Bewußtsein zu entwickeln, bleibt nicht mehr – immerhin prophezeien einige Weissager schon für 1998 die Veränderungen. Aber selbst wenn man von 1999, dem entscheidenden Jahr, ausgeht, bleiben nur noch knapp 1 1/2 Jahre ...

Spiritualität – Die Voraussetzung für die goldene Zeit

Ebenso wie die Hellseherin Marita Lautenschläger sieht auch der Lichtarbeiter Stefan Herbert hoffnungsvoll in die nächste Zeit: »Die kommenden Jahre werden sich längst nicht so düster gestalten, wie es viele Weissagungen prophezeien. Die Zukunft ist noch offen, sie ist nicht wirklich festgelegt und formt sich in der jeweiligen Gegenwart immer wieder neu. In den letzten Jahren haben zunehmend mehr Menschen verstanden, daß man die Erde nicht rücksichtslos bis zum letzten ausbeuten kann, soll sie nicht vollends zerstört werden. Sie haben erkannt, daß nur ein harmonisches, friedliches Miteinander unseren Planeten retten kann. Dieses stärker gewordene Bewußtsein wirkt auf die ganze Menschheit und verhindert, daß die negativen Weissagungen eintreten.«

Setzen sich viele Menschen mit einem bestimmten Gedanken auseinander, wird dieser verstärkt; je stärker er wird, um so mehr wird er, gemäß den Gesetzen der morphogenetischen Felder, andere Menschen ansprechen. Konkret heißt das: »Haben sich anfangs nur wenige Menschen mit den Gedanken des New Age, des neuen, herannahenden Zeitalters beschäftigt, so wurde durch diese Auseinandersetzungen dafür ein immer größeres Feld geschaffen. Mittlerweile fällt es den Menschen leichter, sich für die dabei gewonnenen Erkenntnisse zu öffnen und sie nachzuvollziehen. Wenn ungefähr zehn Prozent der Erdbevölkerung ein gewisses spirituelles oder neues Denken erreicht hat, dann springt dieses Denken und Handeln auf die ganze Menschheit über.

Selbst diejenigen, die sich überhaupt nicht damit beschäftigen, profitieren davon. Der Grund: In einer Gruppenmeditation zum Beispiel baut sich ein hohes Energie- und Bewußtseinsfeld auf, das sich über die ganze Erde spannen kann und dadurch jedem, auch dem Nichtinteressierten, nutzt. Daher bin ich recht sicher, daß es nicht zu einem erneuten Weltkrieg und zu den Katastrophen kommen wird.«

Außerdem weiß Stefan Herbert, daß Außerirdische den Planeten, die Menschen sowie deren Gedanken und Handlungen ständig beobachten und genau darüber informiert sind, wie es um sie bestellt ist. Falls sich die Erde noch weiter zum Negativen hin entwickelt, dann werden sie sich, wie der Santiner Ashtar Sheran versichert, rechtzeitig melden und auf ihre Art unüberhörbar Alarm schlagen: »Uns sind wirklich alle eure Sorgen bekannt. Wir haben sogar technische Möglichkeiten, alle eure Gedanken aufzufangen, ja sogar das Gefühl zu registrieren. Das gibt uns eine sehr aufschlußreiche Übersicht über den allgemeinen Zustand der Erdenmenschheit. ... Wir kennen eure Bemühungen und eure Gedanken. Ihr dürft eure Persönlichkeit nicht aufgeben; denn ihr müßt euch auf Erden durchsetzen und euren Mitmenschen nach und nach beweisen, daß es eine höhere Wahrheit, ein höheres Wissen gibt.«[77]

Lichtarbeiter bereiten den irdischen Aufstieg vor

Das Bewußtsein der Menschen entwickelt sich zunehmend, es strebt zum Höheren, zum Ursprung. Herbert ist einer der vielen Lichtarbeiter oder Sterngeborenen, die sich aus anderen Lichtebenen auf die Welt inkarnieren, um sie mitzugestalten.

Sterngeborene sind insofern besondere Wesen, als sie mehr wahrnehmen können und intuitiver sind als andere Menschen. Da sie aus höheren Lichtsphären stammen, sind sie seelisch fortgeschrittener, kennen die Weisheiten und verstehen den Umgang mit den Energien, beschreibt Herbert die besonderen Fähigkeiten der Lichtwesen. Daher fällt es ihnen leichter, der Menschheit zu helfen, die bevorstehende schwierige Zeit durch ein höheres Bewußtsein zu meistern.

Er, der ursprünglich aus der fünften Dimension kommt, hat die Aufgabe, die negativen Weissagungen zu verhindern und die Menschen zum Licht zu führen. Denn der göttliche Plan sieht vor, daß die Erde auf einer höheren Frequenz schwingt. »Gott besitzt die höchste Energie, die höchste energetische Schwingungsfrequenz, bei den Erdbewohnern ist sie am niedrigsten. Diesen Zustand kann man mit dem Wasser vergleichen: Die Wasseratome schwingen in einer bestimmten Wärmeenergie; je geringer die Energie, um so fester das Wasser. Das heißt, auf der wärmsten Ebene ist das Wasser gasförmig, dann wird es flüssig, auf der kältesten gefriert es zu Eis. Die dritte Dimension – dort leben die Menschen in einem feststofflichen Zustand – weist die niedrigste Schwingungsfrequenz auf; sie ist vergleichbar mit dem Eiszustand. Die vierte Lichtebene entspricht dem wässerigen, einem feinstofflich-feststofflichen Mischzustand und die fünfte Dimension dem gasförmigen Zustand. In der fünften Lichtebene leben die Wesen in einem reinen Astralleib oder -körper[78].«

Nach dem Willen Gottes sollen sich nun die Menschen zurück zum Ursprung entwickeln, als sie noch Lichtwesen oder, wie es Lautenschläger ausdrückt, Engelwesen waren. Daher inkarnieren sich Engelwesen auf die Erde und verbreiten hier durch ein respektvolles, tolerantes, rücksichtvolles, liebendes Leben positive, hochschwingende Kräfte. Die wiederum bewirken, daß sich das Bewußtsein vieler Menschen erweitert und sie eine höhere energetische Schwingung in sich tragen, die sich ihrerseits wieder auf die Erde auswirkt und sie langsam anhebt. Herbert bezeichnet dies als den Aufstiegsprozeß.

Mit dem »Sowohl-als-auch« zur Ganzheit

Wie schon Marita Lautenschläger erwähnte, kann die Erde diesen Aufstieg aber nur dann bewältigen, wenn sie von allem Negativen befreit ist. Jetzt, mit dem Eintritt in den Photonenring, steht der Planet an einem Wendepunkt, an dem er bei seinem Reinigungsprozeß unterstützt wird durch die hohe, göttliche Kraft der Zentralsonne.

Die Erde kann mit dieser zusätzlichen Energie ihr Schwingungspotential erhöhen; eine große Hilfe, wie es der Lichtarbeiter Herbert sieht: »Denn das dadurch neu entstehende Bewußtsein öffnet stärker das menschliche Herz und hebt die bisherige Dualität immer mehr auf. Das zukünftige Leben wird sich nach dem Prinzip des ›Sowohl-als-auch‹ gestalten. Gegensätze schließen sich nicht mehr aus, sondern ergänzen sich, sie verschmelzen zu einer ausgewogenen Einheit, genauso wie sich auf der vierten Lichtebene die fein- und feststofflichen Zustände vermischen. Es wird ein Weg ›dazwischen‹ sein, eine Verbindung zwischen männlich und weiblich, gut und böse, negativ und positiv, zwischen dem Materiellen und dem Geistigen. Nach und nach entdecken die Menschen die schon einmal vor vielen Jahrtausenden gelebte Ganzheit wieder. Mit diesem neuen Denken können die Katastrophen verhindert und die letzten Jahrhunderte abgestreift werden, die eine Epoche rücksichtsloser, egoistischer und machtbesessener Entscheidungen in Politik, Wirtschaft und Kirche darstellten. Heute suchen immer mehr Menschen nach ausgewogenen, rücksichtsvollen, ganzheitlichen Lösungen, eben nach dem Sowohl-als-auch.«

Santiner lassen den dritten Weltkrieg nicht zu

Selbst wenn die Menschen nicht mehr in der Lage sein sollten, genügend Energien gegen einen dritten Weltkrieg zu mobilisieren, soll dieser trotzdem nicht stattfinden. Das jedenfalls glaubt Dr Emil Specht im Gegensatz zu vielen Weissagungen, die einen bevorstehenden dritten Weltkrieg ankündigen. Gäbe es nämlich einen weiteren globalen Krieg, würden seiner Meinung nach Atombomben eingesetzt. So wie Marita Lautenschläger ist er jedoch davon überzeugt, daß Gott es nicht zulassen wird, daß sich die Menschheit gegenseitig durch Atombomben tötet und die Erde für Jahrtausende unbewohnbar gemacht wird, weil sie verseucht ist. Aus medialen Durchsagen weiß er, daß die Santiner vorher alles daransetzen werden, um einen nächsten Krieg zu verhindern.

Auch Stephan Berndt glaubt, daß zwar in einem dritten Weltkrieg Atombomben eingesetzt werden, die aber die Erde nicht verseuchen werden. Denn die Kraft der Atombomben wird durch starke elektromagnetische Störungen eines an der Erde vorbeiziehenden Kometen nicht zum Tragen kommen.[79]

Seit ungefähr 15 Jahren beschäftigt sich Specht mit der »Zukunft«. Er ist kein Gottgesandter, auch kein

Medium, sondern ein ganz »normaler« Mensch, der über den »Medialen Forschungskreis Schwalenberg«, den er seit vielen Jahren leitet, regelmäßig Mitteilungen über das irdische und außerirdische Geschehen erhält.

In seiner Forschungsgruppe arbeiten zwei Medien, die in den gemeinsamen Sitzungen die Informationen, die sie von »oben« erhalten, schreibend oder sprechend weitergeben. Fragt Specht nach, bekommt er über das anwesende Medium Antworten, manchmal von Ashtar Sheran persönlich, aber auch von anderen Außerirdischen. So wurde er in zahlreichen Gesprächen während der letzten Jahre über die nähere Zukunft der Erde informiert. Auch darüber, wieso die Santiner genügend Wissen besitzen, um einen irdischen Weltkrieg im Keim ersticken zu können.

»Schon seit über 5000 Jahren«, berichtet Specht, »besuchen die Santiner die Erde und beobachten, gerade in den letzten Jahrzehnten, die Entwicklung mit äußerster Aufmerksamkeit. Sie wissen ganz genau, was auf dem Planeten Erde los ist. Da die Santiner die Technik der Dematerialisation[80] beherrschen und sich so überall einschleusen können, wo sie nur wollen, haben die Menschen keine Möglichkeiten, sie aus ihren noch so geheimen Sitzungen zu verbannen. Die Santiner nehmen also an den Verhandlungen und Besprechungen hinter weltweit verschlossenen Türen teil, ohne daß ihre Anwesenheit, weil unsichtbar, bemerkt würde. Somit kennen die Außerirdischen alle wichtigen menschlichen Planungen, die Hintergründe und vor allem auch die Geheimnisse besser als die meisten Menschen. Dieses von ihnen gesammelte Wissen werden sie so einsetzen, daß die Erde vor dem totalen Untergang und vor einem dritten Weltkrieg gerettet wird. Um nur ein Beispiel zu nennen: Am ersten und elften November 1997 legten sie zwei Strahlungsgürtel um die Erde, womit sie dafür sorgen, daß die energetische Schwingungsfrequenz erhöht wird, zum anderen können sie die Menschen über die Strahlungsgürtel im positiven Sinn suggestiv beeinflussen.«

Außerirdische stehen bereit

Zwar hat sich der Bewußtseinsgrad der Menschen und damit die energetische Schwingung auf dieser Erde in den letzten Jahren erhöht, aber noch hat sie nicht den Grad erreicht, der für einen Aufstieg nötig wäre.

Daher wiederum die Fragen: Was geschieht, wenn die Zeit für das sich neu entwickelnde Bewußtsein, für den Weg zur Ganzheitlichkeit, für die Strecke nach oben zum göttlichen Licht trotz allem nicht bis zum Jahr 1999 ausreicht? Geht die Erde dann doch unter und hat keine Chance mehr aufzusteigen? War dann alles vergeblich?

Auch da machen sich Specht und der Lichtarbeiter Herbert keine großen Sorgen: Die außerirdischen Wesen werden ihre Hilfe anbieten. Wenn die Menschen ihre Alarmsignale, mit denen sie zur Besinnung aufrufen, nicht hören oder sehen sollten und falls deswegen tatsächlich die negativen Weissagungen eintreffen, dann werden sie sich für jeden unübersehbar zu erkennen geben und ihre Hilfe anbieten.

Zwar werden die Menschen nicht müde, die Existenz Außerirdischer zu bestreiten, aber Stefan Herbert bekräftigt beharrlich sein Wissen: »Wir haben schon heute Kontakt zu den Außerirdischen, die uns, wenn nötig, retten werden. Allerdings nur die spirituell denkenden und handelnden Menschen, diejenigen, die sich bewußt für die Rettung entscheiden, um anschließend einen spirituellen Weg einzuschlagen. Sollten nun wirklich der dritte Weltkrieg und die Naturverwüstungen stattfinden, was ich stark bezweifle, dann würden in der Zeit danach die Kontakte zu den Außerirdischen so selbstverständlich sein, daß es nicht mehr nötig ist, sie zu verheimlichen.«

Von »oben« kommt also ein Rettungsangebot, aber die Außerirdischen dürfen nicht eingreifen, selbst wenn sie wollten. Sie müssen den freien Willen der Menschen respektieren; niemand darf gegen seinen Willen evakuiert werden. Der Mensch alleine entscheidet, was mit ihm geschieht, schließlich ist nur er für sein Denken, Handeln und seine Entscheidungen verantwortlich. Will er gerettet werden, um den Weg zurück zum göttlichen Ursprung gehen zu können, muß er dies den Außerirdischen signalisieren, wie Stefan Herbert ausdrücklich betont: »Gott hat dem Menschen den freien Willen geschenkt, damit dieser sich ohne Zwang, aus seinem inneren Gefühl heraus, freiwillig entscheiden kann, ob und wann er sich auf das Licht zurückbewegen möchte oder ob er es vorzieht, auf der Erde zu verweilen.«

Auch die Bibel gibt Hinweise darauf, daß nichtirdische Wesen die Menschen retten werden: Zum Beispiel in

Hesekiel 1, Jesaja 19 und 66, Daniel 7 oder in der Johannes-Offenbarung. Aus all diesen Stellen geht hervor, daß diejenigen, die passiv abwarten, sozusagen stehengelassen werden.

Das, was die Bibel schreibt, so Specht, habe ihm Ashtar Sheran bestätigt: »Es werden all die Menschen gerettet, die schon jetzt auf der Erde ein Leben führen, das sich durch Mut, Offenheit und Ehrlichkeit auszeichnet. Sie werden diejenigen sein, die sich entscheiden – selbst wenn es auf die letzte Sekunde sein sollte –, nach den Katastrophen auf der verwandelten Erde ein neues und völlig verändertes Leben mit einem höheren Bewußtsein zu führen.«

In einem Punkt gehen der Lichtarbeiter Herbert und Specht allerdings nicht konform: Specht ist darüber informiert worden, daß die Menschen die irdischen Verwüstungen auf keinen Fall verhindern können, da Gott diese Reinigungsprozedur für die Erde vorgesehen habe. Herbert jedoch glaubt, daß die Menschen den Katastrophen dann entrinnen können, wenn sie ein bestimmtes spirituelles Bewußtsein in die Waagschale legen. Sollte es nicht ausreichen, dann gäbe es zwar für alle Menschen eine großangelegte Rettungsaktion, die viele aber wegen ihres fehlenden Vertrauens und Mutes nicht beanspruchen und deswegen durch die Katastrophen sterben würden.

Darin stimmen sowohl Specht als auch Herbert wieder überein: Die spirituellen Menschen, die – wie und wann auch immer – den Weg zum Inneren finden wollen, werden gerettet; entweder dadurch, daß sie die Katastrophen »bewußtseinsmäßig« vorher verhindern, durch die Santiner oder dadurch, daß sie sich noch in letzter Sekunde für den Urschöpfer entscheiden.

Der letzte himmlische Hinweis

Sowohl das Rettungsangebot als auch die dreitägige Finsternis werden durch ein Zeichen am Himmel angekündigt. Es erscheint ein Kreuz, gebildet aus Raumschiffen; andere Seher behaupten, es sei ein Kreuz aus Licht mit einem Längs- und einem Querbalken.

Specht beschreibt die Situation so: »Riesige Spezialschiffe der Santiner formen am Himmel ein Kreuz und umkreisen so die Erde. Gleichzeitig werden von dort aus elektromagnetische Strahlen hierher geschickt, die bewirken, daß alle Radios und Fernseher, auch die abgeschalteten, automatisch angehen und in der jeweiligen Landessprache über die bevorstehende Rettungsaktion berichten. Danach beginnt die offizielle Rettungsaktion.«

Drei Tage nach diesem Himmelszeichen setzt die Finsternis ein, und es beginnen die Naturverwüstungen auf der Erde. Das heißt, dem Menschen bleiben drei Tage, um eine Entscheidung zu bedenken und zu treffen.

An dieser Stelle soll noch einmal die Frage nach dem Datum aufgeworfen werden. Emil Specht wollte vor einigen Jahren von Ashtar Sheran wissen, ob er aufgrund seines Alters den »Tag X« noch erleben werde. Sheran: »Das Geschehen kannst du auch von uns aus beobachten und erleben.« Eine recht ausweichende Antwort; und weiter: »Der Schöpfer hat seinen Arm erhoben, niemand weiß, wann er ihn fallen lassen wird, auch ich nicht. Aber sobald er fällt, werden wir Santiner da sein, um die Rettungsaktion zu starten.«

Die Rettung

Fast so wie im Science-fiction-Film stehen schon jetzt Lichtstrahlschiffe bereit, rund um die Erde verteilt in einem für das menschliche Auge nicht sichtbaren ätherischen Zustand. Ist es soweit, werden sie den Menschen für drei Tage zur Verfügung stehen. Specht gibt seine Informationen aus der höheren Dimension weiter: »Tausende Mutter-Raumschiffe werden außerhalb der Erde warten und ihre kugeligen Kleinufos, die sie bei sich führen, Richtung Erde schicken. Diese haben jeweils Platz für acht Personen. Ist ein Kleinufo voll, schließt es automatisch seine Türen und schwebt zurück, Richtung Mutterschiff.« Gauch-Keller ergänzen die Rettungaktion: »Wir werden sehen, wie Millionen von Lichtstrahlschiffen, einen weißen Lichtstrahl (Levitationsstrahl) aussendend, blitzschnell zur Erde gleiten. Da diese Lichtstrahlschiffe nicht zwingend landen müssen, was schon aus Zeitgründen kaum möglich sein wird, können wir gleich dort in die Levitationsstrahlen eintreten, wo wir uns gerade befinden. Dadurch werden Menschen auch aus den für sie unglaublichsten Situationen gerettet.«[81]

Vielen mag dies recht unglaubwürdig und märchenhaft anmuten, aber der Lichtarbeiter Herbert kennt noch weitere Details der Aktion: »Zuerst werden Kinder, Kranke, Pflegebedürftige und alte Menschen hochgebeamt, ganz zum Schluß dürfen diejenigen herauf, die sich aus eigenem, freien Willen für diese Rettung, für den Weg Richtung Ursprung entschieden haben. Obwohl viele Millionen von Menschen gerettet werden, braucht niemand zu drängeln, denn es wird genügend Zeit sein, um alle in Sicherheit zu bringen.«

Sicherlich wird nicht jeder Mensch den Mut entwickeln, sich in ein für ihn völlig unbekanntes Unterfangen zu stürzen. »Wenn ihnen der Mut fehlt, sich wirklich konsequent zu entscheiden, fehlt ihnen letztlich das Vertrauen in den Schöpfer, der niemanden fallen läßt, wird er um Hilfe gebeten. Denn«, erklärt Herbert weiter, »ohne Vertrauen in Gott können die Menschen keine neue Welt aufbauen, wird es kein neues Denken geben. Gott will den Menschen nicht vernichten, er will lediglich, daß er freiwillig den Weg zu sich zurück antritt, und da gehört Vertrauen einfach dazu.«

Viele Menschen haben jedoch nicht nur Angst und sind mutlos, sondern es fällt ihnen schwer, sich von ihren materiellen Gütern und Beziehungen zu trennen. »Dieses Loslassen vom Irdischen ist eine weitere wichtige Voraussetzung für den Neubeginn. Sich von etwas lösen und trennen wird in Zukunft nicht mehr so schwierig sein, da die Menschen in dem Bewußtsein leben, daß materielle Güter einen weniger wichtigen Stellenwert haben als bisher.«

Mit anderen Worten hat dies auch schon das Medium Marita Lautenschläger beschrieben: Man arbeitet, um zu leben und man lebt nicht, um zu arbeiten. Noch deutlicher wird Ashtar Sheran. Er fordert, daß mit dem traditionellen Denken und Handeln aufgeräumt wird, da sie jeglicher Erneuerung und Höherentwicklung im Wege stehen: »Der Erdenmensch trennt sich lieber vom Leben als von einem materiellen Besitz. Dabei läßt er aber außer acht, daß auch der Körper ein kostbarer materieller Besitz ist.«[82]

Allerletzte Chance für Nachzügler noch möglich?

Specht behauptet zwar, daß all die Menschen, die sich nicht zu einer Rettung entschließen, in den anstehenden Naturkatastrophen sterben werden. Aber, könnte es nicht so sein, daß der Urschöpfer all den Zurückgebliebenen, die sofort nach der Rettungsaktion erkennen, daß sie eine große Fehlentscheidung getroffen haben, nochmals eine weitere Chance anbietet?

Schließlich sollen die Katastrophen keine göttliche Racheaktion sein, sondern sie sollen die Menschen davon überzeugen, einen bewußteren, spirituelleren Weg einzuschlagen und sich zurückzubegeben zu ihrem Ursprung. Wieso sollte er dann denjenigen die vielleicht allerletzte Chance verweigern, die sich noch »fünf vor zwölf« entschließen, dem für sie Ungewohnten, einer plötzlichen inneren Stimme zu vertrauen? Warum sollten die Menschen dann nicht unter Berücksichtigung der »Überlebenstips«, die viele Seher gegeben haben, die dreitägige

Finsternis, die Giftwolken und Naturverwüstungen überleben? Auch zu diesem Zeitpunkt wird die Entscheidung für den Urschöpfer keine leichte werden. Eins dürfte auch klar sein: Diejenigen, die den heftigen irdischen Reinigungsprozeß überleben, werden sicherlich mit einem spirituelleren Bewußtsein in die neue Ära starten und den Weg zum Urschöpfer finden.

Wahrscheinlich wird durch die mehrmaligen Rettungsangebote nur noch ein Drittel der Erdbevölkerung übrigbleiben, die stur, hartnäckig, eigensinnig, egoistisch, sich nicht ändern wollend am Alten festhalten und bei den Katastrophen sterben.

Die Übergangszeit in den Raumschiffen

Zurück zu den Rettungsaktionen durch die Santiner, die unterstützt werden durch Tausende anderer Außerirdischer. Herbert befürchtet, »daß durch die Unruhen auf der Erde Familien auseinandergerissen worden sind und viele ihre Verwandten oder Bekannten aus den Augen verloren haben. Natürlich wird es auch so sein, daß sich nicht jedes Familienmitglied hat evakuieren lassen. Der mußte dann auf der Erde zurückbleiben. Aber diejenigen, die auf den Mutterschiffen eintreffen, haben die Möglichkeit, per Computer und ausgeklügelter Technik nach ihren Angehörigen zu suchen.« Dessen ist sich der Lichtarbeiter ganz sicher. »So wird es nicht schwierig sein, daß sich die Familien wieder zusammenfinden. Vor allem strahlt den Menschen in ihrer Unsicherheit ein großes Gefühl von Geborgenheit und Schutz entgegen. Die Menschen werden an Bord nicht alleine sein, viele Helfer von anderen Planeten stehen zur Verfügung, um sie in die neue Situation einzuführen, sich um die Kranken und Älteren zu kümmern, Unverständliches zu erklären, Fragen zu beantworten, aber auch, um Mut und Hoffnung zu machen. Selbstverständlich warten die Geretteten nicht tatenlos, bis alles vorbei ist; sie werden eine Menge neuen ›Schulstoff‹ zu bewältigen haben: Sie setzen sich mit geistig höherem und technisch ausgefeilterem Wissen auseinander. In der Zeit, die sie auf den Raumschiffen leben, werden sie zum Beispiel eingeführt in die Telepathie, Materialisation und Dematerialisation. Die Erdenmenschen werden nicht alleine sein, sie werden jegliche Hilfe, Unterstützung, Liebe und Wärme bekommen, die sie brauchen.«

Stefan Herbert wird als Lichtarbeiter aus der fünften Dimension aktiv an dieser Rettungsaktion beteiligt sein; daran besteht für ihn kein Zweifel. »Faszinierend ist auch«, schwärmt Specht, »daß Krankheiten durch die hohen energetischen Schwingungen schneller heilen, als wir es hier kennen, und daß die älteren Menschen so etwas wie eine Verjüngungskur durchmachen. Und noch etwas stelle ich mir phantastisch vor: Dadurch, daß die Kuppeln der Mutter-Raumschiffe aus Glas bestehen, werden wir Menschen einen herrlichen Ausblick auf den Sternenhimmel, auf den uns umgebenden Kosmos haben.«

Auf der neugestalteten Erde beginnt ein neues Leben

Auf den riesigen Mutter-Raumschiffen verbringen die Evakuierten dann ungefähr acht bis zwölf Wochen – Kost, Logis, Familienanschluß und Weiterbildung inbegriffen –, gerade so lange, bis sich die Erde von ihren negativen Energien befreit und ihre durch den Polsprung hervorgerufene neue Umlaufbahn stabilisiert hat. Dann werden die Santiner die Menschen wieder auf der Erde absetzen.

Sobald der Mensch seine Wohnung bzw. das Raumschiff verlassen hat, wird er erschüttert sein: Er findet die Erde, den Weissagungen vieler Propheten entsprechend, in einem völlig veränderten Zustand vor. Deutschland ist auf die Höhe Italiens gerutscht, und vor den Augen des Betrachters türmen sich »Berge« zu bewältigender Aufräumarbeiten. Aus den medialen Sitzungen weiß Specht, daß die Santiner den Menschen bei der Aufbauarbeit helfen werden. Greifen die Außerirdischen nicht zu Hacke und Schaufel, müssen die Menschen wohl selbst irgendwie zurechtkommen, was sie auch werden. Trotz der vielen Unwägbarkeiten und Schwierigkeiten wird eine schöne, friedliche Zeit in Liebe, gegenseitigem Verständnis, solidarischer Unterstützung und Harmonie auf sie warten – schwierige, gemeinsam erlebte und überstandene Zeiten schweißen zusammen.

»Im neuen Leben«, begeistert sich Specht, »werden die Menschen erheblich älter als heute, da sie gesünder leben. Fleisch steht überhaupt nicht mehr auf dem Speisezettel, und es wird neue Pflanzen geben, die wesentlich nahrhafter, wohlschmeckender und bekömmlicher sind als das bisherige Gemüse. Der Mensch wird eine größere Antenne haben für die positive, geistige Welt, für die Spiritualität – nach den Erlebnissen der vorangegangenen Wochen und Monate kein Wunder. Er sieht den Tod anders; für ihn wird die Reinkarnation genauso zum Leben gehören wie die Existenz der Außerirdischen. Da jeder Mensch im anderen die unsterbliche Seele sieht, wird der Umgang unter- und miteinander liebe- und achtungsvoller sein, ohne Rücksicht auf Klassen- oder Bildungsunterschiede, auf Reichtum oder Armut. Wichtig ist nur der Mensch.«

Kapitel 11

Der Mensch muß sich ändern! Nur wie?

Nach so vielen hoffnungsvollen Blicken in die Zukunft ist die nun unweigerlich auftretende Frage: Was müßte jeder einzelne tun, damit zwar die Goldene Ära beginnt, die Katastrophen und Verwüstungen jedoch ausbleiben?

Der erste Schritt dürfte überwiegend »Kopfarbeit« sein: Jeder sollte sich klarmachen und akzeptieren, daß es Propheten gibt, die in die Zukunft blicken können, gleichwohl diese veränderbar ist. Sie ist nicht festgelegt, sondern wird in der Gegenwart immer wieder neu definiert. Eine Prophezeiung zeigt lediglich sehr wahrscheinliche Ereignisse in der Zukunft an, unter der Voraussetzung, daß der einmal eingeschlagene Weg, der die Basis für die Prophezeiungen ist, weitergegangen wird. Weissagungen sollen den Menschen lediglich aufwecken, damit er sich, sein Leben und Verhalten überprüft und notfalls sich und sein Handeln ändert. Jeder sollte sich vor Augen führen, daß es Dinge zwischen Himmel und Erde gibt, die er sich (noch) nicht erklären kann und die er deswegen am liebsten leugnen würde. Trotzdem könnte es doch so sein, daß diese unerklärlichen Phänomene existieren. Sowohl Wissenschaft als auch Prophezeiungen haben ihren Sinn.

Arbeiten Sie an sich!

Der nächste, wichtige Schritt ist die aktive »Baucharbeit«. Da die für die Erde typische Dualität noch nicht zu einem »Sowohl-als-auch« zusammengeschmolzen ist, gibt es für die Menschen momentan offensichtlich nur zwei Wege: Entweder sie machen weiter wie bisher und riskieren, daß die Konflikte in einem dritten Weltkrieg, in Überschwemmungen, Vulkanausbrüchen und Orkanen eskalieren. Oder sie machen sich auf in Richtung spirituelle Entwicklung, wo sie Haß, Neid, Mißgunst, Ausbeutung der Menschen und der Natur, Verachtung, Rache, Mordlust umwandeln in Frieden, Liebe, Achtung, Achtsamkeit, Anerkennung, Respekt, Toleranz, Harmonie, menschliche Wärme.

»Nur wenn wir uns bewußt für hoffnungsträchtigere Alternativen entscheiden, können wir unser kollektives menschliches Gesamtenergiefeld stärken und die prophezeiten notwendigen Veränderungen der Bedingungen auf unserem Planeten in gesünderer und aufbauender Weise vollziehen.«[83]

Die Meditationsstunde

Sowohl Chet B. Snow als auch der Lichtarbeiter Stefan Herbert schlagen dazu vor, regelmäßig weltweit eine »Meditationsstunde« durchzuführen, im Sinne der 1986 ins Leben gerufenen Planetary Commission, auch Weltheilungstag genannt. Es ist eine Veranstaltung, an der sich alle Menschen beteiligen können, ohne ihr Zuhause verlassen zu müssen. Zu einer bestimmten Uhrzeit eines festgelegten Datums treffen sich die Teilnehmer gedanklich, um gemeinsam für den Weltfrieden, die Heilung des Menschen, der Natur und der Erde zu beten und zu meditieren. Durch die positiven und ruhevollen Gedanken soll das energetische Schwingungsfeld der Erde angehoben werden. »Und dies ist ein enormes Potential«, meint Snow, »wenn genügend Menschen aller Rassen, Volkszugehörigkeiten und Glaubensüberzeugungen es fertigbringen, ihre Differenzen wenigstens für diese eine Stunde beiseite zu schieben und sich darauf zu konzentrieren, unsere Erde im Bild eines gesunden, friedlichen Ganzen erstehen zu lassen.«[84]

»Durch Gruppen- und Einzelmeditationen, T'ai chi, Yoga, eine ausgewogene Ernährung, ein gesundes und ausgeglichenes Leben und durch maßvolle sportliche Betätigung«, faßt Stefan Herbert zusammen, »erfährt der Mensch viel über sich selber. Er spürt ein wachsendes Selbstbewußtsein und Selbstwertgefühl. Er beobachtet, wie er auf andere wirkt, und lernt dabei, auf seine innere Stimme zu hören, die die Verbindungsschnur zu Gott, zum Schöpfer ist.«

Was machen jedoch die Menschen, die ihre innere Stimme noch nicht hören? »Sie schieben die äußere Stimme und den ganzen äußeren Lärm, die Alltagshektik, den Arbeits- und Familienstreß sanft zur Seite. Dadurch entsteht der Platz, den die innere Stimme benötigt. Die äußere Stimme ist die Ratio des Menschen, der Versuch, sich etwas vernunftmäßig klarzumachen und eine vernünftige Entscheidung durch Nachdenken zu treffen. Dabei wird aber häufig der Bauch, die innere Stimme außer acht gelassen. In der Meditation, beim autogenen Training oder T'ai chi kann man die äußere Stimme beiseite schieben. Das bedeutet nichts anderes, als sich von

Gedanken zu lösen und frei zu machen. Die innere Stimme ist leise und nur dann zu vernehmen, wenn die äußeren Gedanken verflogen sind, wenn innere und äußere Ruhe eingekehrt ist. Mit etwas Geduld kann man das lernen, und in dem Moment, in dem ein Mensch seine innere Stimme vernimmt, hat auch er schon ein bißchen dazu beigetragen, die Katastrophen zu verhindern. Das heißt, wenn er so lebt, daß er abschalten, in sich gehen und auf seine innere göttliche Stimme hören kann, dann wächst aus ihm heraus ein neues Bewußtsein; er geht auf seine Mitmenschen anders zu, er behandelt seine Umwelt anders, er bekommt eine andere Einstellung zur Natur.

Damit hat er nicht nur einen positiven Einfluß auf seine nähere Umgebung, sondern auch auf die gesamte Menschheit. Er trägt dazu bei, daß sich die negativen Weissagungen nicht erfüllen.«

Verstärkung durch die Maniah-Energie

Zwar wandeln immer mehr Menschen seit einigen Jahren auf einem spirituellen Weg und erhöhen ihre energetischen Schwingungsfrequenzen, dieser Bewußtwerdungsprozeß wird jedoch noch beschleunigt durch die Maniah-Energie, das göttliche Licht vom Planeten Nexus. Noch ist die Hellseherin Marita Lautenschläger die einzige Großmeisterin, die die Energie über das Scheitelchakra anderen Menschen überträgt. Um sie empfangen zu können, muß diese Person die Liebe zu anderen Menschen, Tieren, Pflanzen und zur Natur in sich tragen. Der kraftvolle, intensiv wirkende Lichtpunkt setzt sich innerhalb des Körpers an einem bestimmten Punkt der Chakren fest.

Empfängt jemand, der noch keinen Sinn für die geistige Welt hat, die Energie, so wandert diese in das Wurzelchakra. Weist jemand eine höhere Energieschwingung auf, dann nistet sie sich in den Solarplexus, ins Herz- oder Halschakra ein. Verweilt die Energie gar im siebten, dem Scheitelchakra, dann steht dieser Mensch in seiner geistigen Entwicklung am weitesten oben.

Je liebe- und rücksichtsvoller, toleranter, friedlicher ein Mensch ist, um so größer wird die Maniah-Energie und um so stärker entfaltet sie sich. Aus dem kleinen Lichtpunkt wird eine helle Lichtkugel. Obwohl sie bei wenig bewußten Menschen nicht so groß ist, wirkt sie trotzdem, indem sie ständig einen Impuls in den Körper weitergibt und dafür sorgt, daß sich der Mensch mehr und mehr für ein neues, spirituelles Denken öffnet.

Licht erhöht die Schwingungsfrequenz

Neben wirklich ernstgemeinten Gebeten schlagen W. und Th. Gauch-Keller vor, die Schwingungsfrequenz des einzelnen durch warmes Kerzenlicht zu erhöhen. Eine einfache Maßnahme, die aber trotzdem wirkungsvoll sein soll: »Alle Menschen sollten in dieser Zeit sehr intensiv beten oder ›Licht‹ um sich und alles auf der Erde aufbauen, denn ehrliches und aufrichtiges Beten sowie

Lichterzeugung haben nebst der Liebe die größten Schwingungen und Heilkräfte, um unsere Schutzhülle um den Körper aufzubauen. Durch intensives Beten oder Lichtaussenden können wir auch über unsere Wohnungen und Häuser Schutzhüllen aufbauen. Das ist möglich! Wir müssen uns nur mit vollster Konzentration den Lichtschutzmantel über dem Haus, einer Person usw. vorstellen (visualisieren) und unsere Liebe darin verankern. Und je eher wir mit diesem Schutzaufbau beginnen, um so stärker wird er später sein.«[85]

Weitere, deutliche Verhaltenstips trägt Ashtar Sheran vor: »Erkenne dich selbst und ändere dich zum Guten. Verurteile nicht, sondern vergib. Hasse nicht, sondern gib Liebe. Verzeih‹ deinem Feind, dann wird er dein treuer Anhänger. Nur so ist eine Zusammenarbeit und ein gemeinschaftliches Zusammenleben möglich. Wir befolgen diese Richtlinien aus Liebe zur göttlichen Schöpfung.«[86]

Konkrete Schutzmaßnahmen für den Krieg

Sollten trotz aller Weissagungen und Mahnungen die Vorzeichen auf einen dritten Weltkrieg hinweisen, dann reichen Meditation und Gebete nicht mehr, dann muß der Mensch zusätzlich dafür sorgen, daß er die anstehenden Wochen und Monate überleben wird. Auf alle Fälle sollte er die Entwicklungen auf der Erde sorgfältig beobachten: In welchem Land rumort es derartig, daß mit einem Krieg gerechnet werden muß, wie steht es um die Weltwirtschaft, kündigt sich ein Zusammenbruch des Finanzsystems an, sind außergewöhnlich starke Erdbeben, Vulkanausbrüche oder Feuersbrünste festzustellen? Liegen solche Veränderungen in der Luft, sind sie intuitiv zu spüren, dann sollte man mit dem dritten Weltkrieg rechnen.

Wer die Möglichkeit hat, dem wird empfohlen, sich fernab von den Hauptkriegsgebieten einen Unterschlupf zu suchen. Die übrigen sollten Kampfgebiete, besetzte und dicht besiedelte Regionen sowie Verkehrsknotenpunkte – Beispiel: Ruhrgebiet – meiden. Als Fluchtmöglichkeit empfiehlt Stefan Berndt »ein dünnbesiedeltes, höher gelegenes Gebiet jenseits der Kampfhandlungen und außerhalb des Operationsgebietes der angreifenden Armeen, vorzugsweise westlich des Rheins oder im Alpenvorland. Auch innerhalb des Gebietes östlich des Rheins und nördlich der Donau dürften Chancen in dünnbesiedelten und schwerer zugänglichen Gebieten bestehen.«[87]

Das Verlassen Deutschlands wird kaum eine Alternative sein, da nach dem Krieg die ganze Erde von den Auswirkungen des Polsprungs und der nachfolgenden Naturkatastrophen betroffen sein wird. Es ist ungewiß, wann die »Ausgewanderten« wieder in ihre Heimat werden zurückkehren können. Auch sollten wegen der prophezeiten Überflutungen die Meeresküsten, Ufer von Flußunterläufen sowie großer Seen gemieden werden.

Nach den Weissagungen wird der Krieg zwar nur drei Monate dauern, aber wahrscheinlich wird recht bald die

Versorgung mit Lebensmitteln, Wasser oder medizinischen Materialien zusammenbrechen, so daß sich jeder Bewohner rechtzeitig um einen Vorrat kümmern sollte.

Wie sollten wir uns bei der Rettung durch Raumschiffe verhalten?

Sollten sich vor der dreitägigen Finsternis Raumschiffe ankündigen, so wie es Herbert und Specht vorhersehen, dann hat jeder einzelne Mensch die bequemste Chance seines Lebens, gerettet zu werden. Er muß nicht viel tun, freiwillige Helfer von anderen Planeten haben für ihn alles vorbereitet und organisiert. Sobald am Himmel ein leuchtendes, helles Kreuz auftaucht, ist es soweit: Er braucht nur noch die Entscheidung zu treffen, sich auf einem Lichtstrahl in ein Raumschiff tragen zu lassen. Das war's.

Aber wahrscheinlich wird das für viele die schwerste Entscheidung ihres Lebens sein; sie müßten ihre Angst überwinden und sich für etwas Unbekanntes, Fremdartiges entschließen. Zahlreichen Menschen wird letztendlich der Mut für dieses Unternehmen fehlen – etliche aber werden sich schweren Herzens und mit viel Angst im Bauch auf den Lichtstrahl begeben und dem Neuen entgegengehen.

Überlebenstips für die dreitägige Finsternis

All diejenigen, die sich nicht unmittelbar vor dem Polsprung oberhalb der Erdoberfläche in Sicherheit gebracht haben – entweder weil ihnen der Mut für die Rettungsaktion fehlte oder weil die Santiner nicht erschienen sind – werden sich selbst um ihre Zukunft kümmern und sich auf andere Weise vor dem Kometen, dem Polsprung und den Verwüstungen schützen müssen. Der vorbeiziehende Komet löst eine dreitägige Finsternis aus, verursacht durch die Giftwolken des Kometen. Niemand wird der Dunkelheit und dem Gift entrinnen können. Wer sich trotz aller von »oben« herabgesandten Warnzeichen dennoch im Freien vom Komentenstaub überraschen läßt, ist verloren; wer sich in einem geschlossenen Raum aufhält, ist sicher.

Der Prophet Jesaja empfiehlt: »Wohlauf, mein Volk, geh in deine Kammern und schließe deine Türen hinter dir zu! Verbirg dich einen Augenblick, bis der Zorn vorüber ist!«[88]

Sehr konkret sind die Verhaltensregeln, die Alois Irlmaier in seinen Weissagungen den Menschen ans Herz legt: »Finster wird es werden an einem Tag unter dem Krieg. Dann bricht ein Hagelschlag aus mit Blitz und Donner, und ein Erdbeben schüttelt die Erde. Dann geh nicht hinaus aus dem Haus! Die Lichter brennen nicht, außer Kerzenlicht, der Strom hört auf. Wer den Staub einschnauft, kriegt einen Krampf und stirbt. Mach die Fenster nicht auf, hängt sie mit schwarzem Papier zu.

Alle offenen Wasser werden giftig und alle offenen Speisen, die nicht verschlossen in Dosen sind. Auch keine Speisen in Gläsern, die halten es nicht ab. Draußen geht der Staubtod um, es sterben sehr viele Menschen. Nach 72 Stunden ist alles wieder vorbei. Geh nicht hinaus, schau nicht beim Fenster hinaus, laß die geweihte Kerze oder den Wachsstock brennen. Und betet. Über Nacht sterben mehr Menschen als in den zwei Weltkriegen. Kauft ein paar verlötete Blechdosen mit Reis und Hülsenfrüchten. Brot und Mehl hält sich, Feuchtes verdirbt wie Fleisch, außer in blechernen Konservendosen. Wasser aus der Leitung ist ungenießbar, nicht aber Milch. Recht viel Hunger werden die Leute so nicht haben, während der Katastrophe und Finsternis. Macht während der 72 Stunden kein Fenster auf.«[89]

Selbst wenn die Menschen in den drei Tagen kaum Hunger verspüren werden, sollte man trotzdem genügend Vorräte beiseite legen, denn zum einen werden weltweit das angepflanzte Getreide, Gemüse, Obst und viele Tiere entweder vernichtet oder vergiftet sein. Zum anderen wird durch die zahlreichen Erdbeben und Vulkanausbrüche ein Großteil der Lagerhäuser zerstört sein. Bevor also die gröbsten Verwüstungen beseitigt sind und neuer Nachschub angelaufen ist, werden etliche Monate ins Land gezogen sein.

In einer normalen Wohnung finden die Bewohner hinreichenden Schutz vor der giftigen Staubwolke. Allerdings, so der Hinweis von Berndt, könnte es zu extremen Minustemperaturen kommen. »Wenn drei Tage lang kein Licht zur Erde durchdringt, dann können die Temperaturen weit unter den Gefrierpunkt fallen. Dicke Kleidung sollte man also unbedingt bereithalten.«[90]

Diese Überlebenstips sollten jedoch nicht von der viel wichtigeren Frage ablenken, ob es nicht prinzipiell besser wäre, der Mensch änderte sein Verhalten vorher, jetzt sofort? Denn spätestens nach den Katastrophen kommt er auf der »neuentstandenen« Erde mit seinen alten Denkstrukturen nicht mehr weiter, ob mit Rettung durch die Santiner oder ohne. Neue Lebensbedingungen machen neue Lebenseinstellungen notwendig.

KAPITEL 12

Der Beginn einer neuen Welt? Letzte Bemerkungen

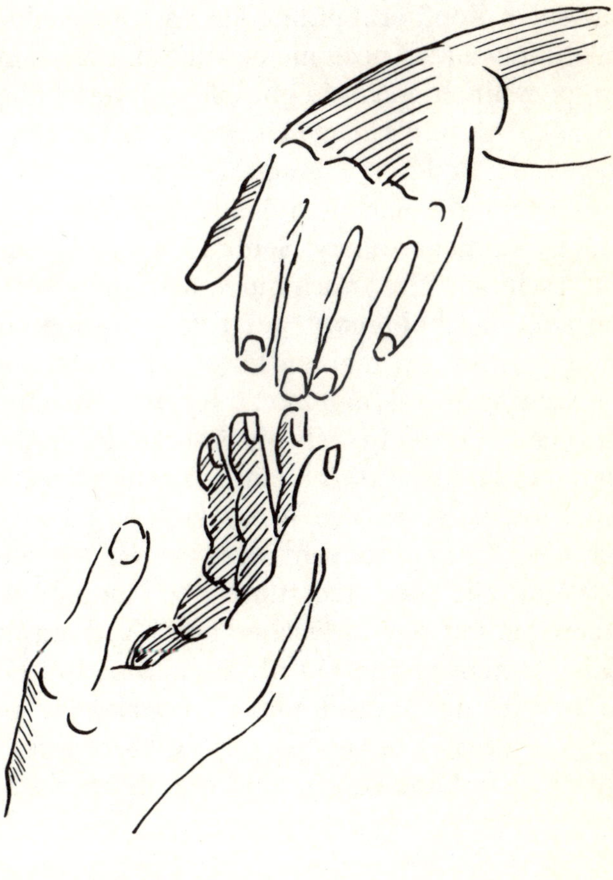

Nun mögen vielleicht viele Leserinnen und Leser das Buch aus der Hand legen und denken: »War das ein schönes Märchen über Weissagungen, Gespräche mit Engeln und einem Happy-End, der Rettung durch Ufos.« Ich muß gestehen, in den Gesprächen mit meiner Interviewpartnerin und meinen Interviewpartnern habe auch ich mich hin und wieder in eine Märchenwelt entführt gefühlt. Aber wenn ich dann in Ruhe über die Gespräche nachdachte, schoß mir der Gedanke durch den Kopf: »Empfinde ich das nur deshalb so märchenhaft, weil ich noch nie bewußt einem Engel begegnet bin, persönlich noch nie ein Ufo gesehen habe oder weil ich noch nie ein Gespräch mit dem Erzengel Michael oder einem anderen Erzengel hatte?«

Auch heute, nachdem das fertige Buch vor mir liegt, sehe ich es nicht anders: Sollte all das, was um mich herum geschieht, nicht vorhanden sein, nur weil ich es mit meinen bescheidenen geistigen Fähigkeiten nicht erklären und mit meinen eingeschränkten Sinnesorganen nicht wahrnehmen kann? Ich wäre vermessen, wenn ich dies behauptete. Ich bin überzeugt, daß wir längst noch nicht alles erklären können, was zwischen Himmel und Erde existiert, wie Weissagungen oder Ufos – aber deswegen können sie sehr wohl vorhanden sein.

Wenn Sie jetzt trotzdem noch immer das Gefühl haben, ich hätte ein Märchen erzählt, dann nehmen Sie doch einfach dessen Quintessenz als eine Realität an: Ändert sich der Mensch nicht, entwickelt er kein achtsameres und rücksichtsvolleres Verhalten der Erde, der Natur, den Lebewesen, anderen Menschen und sich selbst gegenüber, dann wird die Erde rebellieren, gleichgültig wie, aber sie wird es tun.

So schrecklich sie sein mögen, Weissagungen rufen zur Besinnung auf

Darauf wollen Weissagungen aufmerksam machen, seien es nun die der Hopi-Indianer, die Fatima-Prophezeiung oder die Voraussagen von Nostradamus und anderen Sehern – sie verdeutlichen, daß die Erdbevölkerung mit dem ausgehenden 20. Jahrhundert an einer Schwelle zu etwas Neuem steht. Das materialistische Zeitalter geht seinem Ende entgegen, eine Ära des Geistes rückt in den Mittelpunkt irdischen Lebens. Gefragt ist »Ganzheitlichkeit«. Ein universelles, den ganzen Kosmos betreffendes und heiles Bewußtsein. Die Erde ist auf dem Weg in eine höhere Dimension des Lebens.

Begleitet wird der Übergang in die neue Zeit – in das Wassermannzeitalter – durch zahlreiche ökologische Katastrophen. Nur durch ein neues, globales und solidarisches Denken können die Menschen den Schritt machen, der groß genug ist, um über den prophezeiten dritten Weltkrieg und die Naturverwüstungen hinwegzuschweben. Die Anfänge dieser geistigen Veränderungen, beeinflußt durch den Übergang der Erde in die zentralsonnennächste Zone, in einen Bereich des stärksten Lichtes, liegen seit der Entstehung der New-Age-Bewegung vor ungefähr 30 Jahren spürbar in der Luft. »Das Wissen um die geheimnisvolle Einheit aller Dinge und

Ereignisse, die Ahnung von etwas, das unser kleines und kleinliches Ich übersteigt, das größer ist als die sinnlich wahrnehmbare Existenz, will Ausdruck finden in der Welt. Als neue Spiritualität einer im besten Sinn des Wortes mystischen Schau – was nicht Unklarheit meint, sondern Tiefe – soll durch das neue Zeitalter und in ihm das allumfassende Verbundensein evolutionäre Durchsichtigkeit gewinnen.«[91]

»Das einundzwanzigste Jahrhundert wird ein spirituelles Jahrhundert sein, oder es wird überhaupt nicht sein.«[92]

Immer mehr Menschen spüren, daß es in ihrem Leben noch mehr geben muß als nur den Verstand. Sie wollen ihre Seele, ihre innere Stimme sprechen lassen, sie vernehmen und fühlen können. Nicht mehr ausschließlich das rationelle Denken, der Intellekt – der alles »wissenschaftlich« exakt beweisen muß, bevor er verkündet, daß das Bewiesene wirklich existiert – steht im Mittelpunkt des Menschen und wird in seine Schranken verwiesen, sondern es wächst eine harmonische Balance zwischen Rationalität und Emotionalität, zwischen Kopf und Bauch heran. Die Erdbewohner erkennen ihre Unvernunft, ihre Blindheit gegenüber den Gesetzen der Schöpfung, ihre Skrupellosigkeit, mit der sie sich gegenseitig und die Natur ausbeuten; sie spüren, daß sie ihr bisheriges Leben ausschließlich auf dem Prinzip einer zerstörerischen Machtausübung und Unterdrückung aufgebaut haben.

Diese geistigen Veränderungen vollziehen sich unter dem Einfluß des Tierkreiszeichens Wassermann, dem Eigenschaften zugeschrieben werden wie: Mitmenschlichkeit oder Humanität, Offenheit, geistige Orientierung, höheres Bewußtsein, Toleranz, Brüderlichkeit, menschliche Wärme, Solidarität und gegenseitige Unterstützung. Mit den Worten von Peter Schlapp bedeutet das: »Die kommenden Zeiten werden erfüllt sein von nicht enden wollenden Innovationen einer geistigen und materiellen Umorganisation der Gesellschaft. Zunehmend werden den Menschen auf den Gebieten der Telepathie, der Hypnose und durch heute noch nicht zu beschreibende Kräfte einer feinstofflichen Intuition Fähigkeiten zuteil werden, die sie auf bisher ungeahnte Art und Weise mit dem Kosmos in Verbindung bringen werden.«[93]

Zur Wahl steht entweder ein spirituelles Leben oder der Untergang. Entweder schreitet der Mensch zügig und konsequent den neuen Pfad weiter voran, oder er geht unter. Ein Weitermachen wie bisher, ein rücksichtsloses, intolerantes, machtbesessenes, ausbeuterisches Leben wird es nicht mehr geben. Denn eher reinigt sich die Erde durch Verwüstungen, Überflutungen, Vulkanausbrüche und Erdverschiebungen selbst.

Der Mensch wird nicht mehr anders können, als sich zu verändern, als seinen Blick nach innen zu wenden. Gleichzeitig muß er Ungerechtigkeiten anprangern und darf sich seinen klaren und scharfen Blick auf das

Außen, auf die sozialen, wirtschaftlichen, menschen- und naturverachtenden Ungerechtigkeiten nicht vernebeln lassen. Wirtschaft, Politik und soziales Leben ändern sich nur, wenn der Mensch sie ändert. Dafür muß er selbst sich ändern, seine Auffassung vom Leben. Er muß lernen, achtsamer mit sich, anderen Menschen und der Natur umzugehen. Nur so wird es künftig keine Unterdrückung, Ausbeutung, keine egoistische Ellenbogengesellschaft mehr geben.

Denn es gibt nicht ein Innen oder ein Außen, sondern es gibt nur ein Innen und Außen, ein Ganzes. Aber mit einem verächtlichen, machthungrigen, würdelosen, respektlosen, unterdrückenden, ausbeuterischen Außen wird es niemals ein heiles Ganzes geben.

KAPITEL 13

Propheten, Seher und Medien – eine Chronologie der Prophezeiungen

Eine Chronologie der Prophezeiungen zu erstellen, ist nicht einfach, da überall auf der Welt seit ihrem Beginn orakelt und vorhergesehen wurde. Weltweit gibt es Tausende von Weissagungen. Von den Prophezeiungen, die das neue Jahrtausend betreffen, konnte ich nur einen kleinen Ausschnitt in diesem Werk anführen. Folgende Propheten, Seher oder Medien wurden zitiert (in alphabetischer Ordnung)[94]:

Ashtar Sheran

Ein Außerirdischer, beheimatet auf dem Metharia-Stern. Er gehört dem Volk der Santiner an, steht an der Spitze des »Ashtar-Kommandos« und hat die Kontrolle über viele Sterne und Planeten. Mit irdischen Sehern als Medien läßt er Informationen über den Zustand der Erde zu der Menschheit »durchsickern« und warnt vor der Zukunft.

Edgar Cayce (1877 – 1945)

Wird liebevoll der »schlafende Prophet« genannt, da er sich in einen tiefen Tranceschlaf versetzte, um Fragen zu beantworten. Bekannt wurde er hauptsächlich durch seine medizinischen Ratschläge, obwohl er keinerlei Ausbildung auf diesem Gebiet hatte. Aber auch seine Vorhersagen zu geologischen Veränderungen haben weltweites Interesse gefunden. Die Antworten, die Cayce während seiner Trance gab, wurden stenografisch festgehalten. Er lebte in den USA.

Don Bosco (1815 – 1888)

Er war ein italienischer Priester, der den Orden der Salesianer gründete. Schon als Kind hatte er Visionen.

Marie Julie Jahenny de la Faudais (1850 – 1941)

Sie war eine stigmatisierte Seherin, die eine Marienerscheinung erlebt hatte.

Fatima und das dritte Geheimnis

Im Jahre 1917 hatten drei portugiesische Seherkinder des Bergdorfes Fatima mehrere Male Marienerscheinungen, dabei wurden ihnen am 13. Juli drei Geheimnisse anvertraut. Die beiden ersten, die sich auf den ersten und zweiten Weltkrieg bezogen, sind erfüllt. Lediglich das dritte Geheimnis ist bisher nicht bekannt; es liegt im Vatikan unter Verschluß. Es wird vermutet, daß das dritte Geheimnis folgende Botschaften enthält: Die Menschen werden zu Buße und Umkehr aufgerufen; falls dies nicht geschehe, würden schlimme Zeiten anbrechen. Der katholischen Kirche wird eine Krise vorausgesagt; viele Menschen werden sich vom christlichen Glauben abwenden; der Papst wird aus Rom fliehen müssen. Fatima ist heute ein Wallfahrtsort.

Stefan Herbert (Zeitgenosse)

Geb. 1965; Sterngeborener aus der fünften Dimension, der aus einer inneren Führung heraus vor längerer Zeit begonnen hat, Kontakte zu Engelwesen aufzubauen.

Hopi-Indianer

Kleiner, friedlicher Indianerstamm in Arizona, im Südwesten der USA. Einige ihrer bedeutendsten Weissagungen wurden bereits vor über 2000 Jahren zeichnerisch auf Felswänden für die Nachwelt festgehalten. Diese Bilder berichten über die kommenden Jahrzehnte.

Inka

Ehemaliges peruanisches Indianervolk, das in einem gut geordneten Reich mit einer hochentwickelten Kultur, Religion und Wirtschaft lebte. 1532 wurde es von Spaniern erobert und zerstört. In ihren Weissagungen gaben die Inkas viele Hinweise auf die heutige Zeit, die von Katastrophen gezeichnet ist.

Alois Irlmaier (1894 – 1959)

Ein bayerischer Brunnenbauer, der weissagen konnte, ohne sich in Trance begeben zu müssen.

Johannes-Offenbarung

Sie ist das einzige prophetische Buch im Neuen Testament. Johannes hat sie, verbannt auf eine einsame Insel im Ägäischen Meer, geschrieben. Obwohl die Offenbarung von einer schweren Zeit, vielen Katastrophen und Nöten berichtet, verbreitet sie auch Hoffnung auf eine goldene Zeit in der Zukunft.

Marita Lautenschläger (Zeitgenossin)

Geb. 1950. Sie ist seit über 30 Jahren Hellseherin und hat als Medium über mehrere Engelwesen, insbesondere über Erzengel Michael, Kontakt zur geistigen Welt. Vom Planeten Nexus stammend, hat sie die Maniah-Energie mit auf die Erde gebracht, um den Menschen durch das starke Energiefeld bei dem bevorstehenden Veränderungsprozeß zu helfen.

Jakob Lorber (1800 – 1864)

Er war Musiklehrer aus Graz in Österreich. 1840 bekam er, wie er sagte, durch Jesus Christus den Auftrag zu schreiben. Christus' Stimme diktierte ihm, was er schriftlich festhalten sollte. In zumeist stundenlangen Sitzungen verfaßte er zahlreiche Vorhersagen, die teilweise schon ihre Erfüllung gefunden haben.
Als Lorber 1864 starb, hinterließ er sein Hauptwerk »Johannes, das große Evangelium« unvollendet; es wur-

de von Leopold Engel jedoch 27 Jahre später zu Ende geführt.

Veronika Lueken (Zeitgenossin)

Geb. 1923. Sie stammt aus den USA und hatte bisher zahlreiche Visionen, die eine Untergangsstimmung ausdrücken.

Mühlhiasl (geb. 1753 oder 1825)

Wer Mühlhiasl wirklich war, ist schwer nachvollziehbar; war es der 1753 geborene Mathias Lang oder der später geborene Mathias Stromberger? Die Weissagungen der beiden Männer überschneiden sich häufig, so daß man geneigt ist, sie als die einer Person anzusehen. Auf alle Fälle sind die Prophezeiungen des Mühlhiasl in Bayern recht bekannt, da viele seiner Ankündigungen bisher in Erfüllung gegangen sind. Der Todestag ist unbekannt.

Michael Nostradamus (1503 – 1566)

Er ist sicherlich der bekannteste Prophet seiner Zeit. Er lebte in Frankreich, war jüdischer Arzt, Astrologe und Astronom und hatte tiefe Einblicke in ein Geheimwissen, das in Klöstern bewahrt und – man würde heute wohl sagen – nur unter strengsten Vorsichtsmaßnahmen weitergegeben wurde. Er verfaßte seine Weissagungen in gereimten Vierzeilern, den Quatrains, die zu entschlüsseln vielen Wissenschaftlern Kopfzerbrechen bereitet. Nicht nur, daß zahlreiche Übersetzungsfehler entstanden, auch waren seine Reime derart verklausuliert, daß viele Interpreten den wirklichen Schlüssel zum Öffnen seiner Weissagungen nicht fanden. Natürlich beschäftigte sich Nostradamus hauptsächlich mit seinem Heimatland, aber er hat auch viele Vorhersagen über Deutschland getroffen. Seine Weissagungen veröffentlichte er 1555.

Paco Rabanne (Zeitgenosse)

1934 in Spanien geboren, flüchtete er während des spanischen Bürgerkrieges nach Frankreich. Rabanne erlebte im Alter von sieben Jahren eine Astralreise, die ihm die Schrecken des ersten und zweiten, aber auch des dritten Weltkrieges vor Augen führte.

Chet B. Snow (Zeitgenosse)

Ursprünglich war er Zivilangestellter bei der US-Luftwaffe, später Psychotherapeut. Er lernte die Psychologin und Regressionsexpertin Dr. Helen Wambach kennen und führte nach ihrem Tod die von ihr entwickelten Progressionsseminare fort. In diesen ließ er Mitte der 80er Jahre über 2500 Versuchspersonen im Trancezustand in ein zukünftiges Leben reisen und erhielt zahlreiche Aussagen über die kommende Zeit bis zum Jahr 2300.

Dr. Emil Specht (Zeitgenosse)

Geb. 1914. Er besitzt zwar mediale Fähigkeiten, die aber, wie er selbst sagt, nicht sonderlich gut ausgeprägt sind. Über die beiden Sehermedien, mit denen er im »Medialen Forschungskreis Schwalenberg« zusammenarbeitet, und durch ausgeprägte Kontakte zu anderen Medienzirkeln erhält er immer wieder direkt aus den höheren Sphären Informationen zum Zustand der Erde und über die Zukunft. Über ein Schreib- oder Sprachmedium steht er in ständigem Kontakt zu Ashtar Sheran.

Erna Stieglitz (1894 – 1975)

Ordensschwester aus Augsburg.

Anmerkungen

Kapitel 2

[1] Säkulum bedeutet Jahrhundert, Millennium Jahrtausend.
[2] Dazu gehören die zumeist afrikanischen und asiatischen Länder, die arm, wirtschaftlich unterentwickelt und politisch schwach sind. Die Vierte-Welt-Länder bilden darin die Gruppe der am wenigsten entwickelten Länder. Dazu zählen beispielsweise Uganda, Tansania, Laos und Bhutan.
[3] Das Wort Esoterik stammt aus dem Griechischen und bedeutet verborgen, innen, geheim, schwer zugänglich. Früher bezeichnete man damit ein Wissen, das nur für Eingeweihte bestimmt war. Heute wird häufig das, was man sich (noch) nicht erklären kann, im negativen Sinn als mystisch, geheimnisvoll, als esoterisch abgetan.

Kapitel 3

[4] Kirchenlehrer Augustinus, er lebte von 354 – 430 n. Chr.
[5] Jan van Helsing: »Buch 3 – Der dritte Weltkrieg«, Ewert-Verlag, Lathen 1996, S. 15.
[6] s.o., S. 218, darin: Dr. Adalbert Schönhammer: »PSI und der dritte Weltkrieg«, Bietigheim 1978.
[7] In Indien wurde uraltes kosmologisches Wissen überwiegend in der Sanskritsprache auf Palmblättern festgehalten, die in regelmäßigen Abständen immer wieder neu abgeschrieben und in Bibliotheken gesammelt wurden. Zwar sind die letzten Palmblätter erst 1.000 bis 2.000 Jahre alt, aber das darin übermittelte Wissen, das sich mit religiösen und geistigen, aber auch wissenschaftlichen Themen beschäftigt, geht auf jahrtausendealte Quellen zurück.
[8] Armin Risi: »Wie alt ist die Welt?«, in: Wege & Visionen, Verlag Sandila Import-Export-Handels-GmbH, Nr. 3/1997, S. 9.

[9] In den vedischen Schriften haben die »Ur-Inder« ihr göttliches, über 5.000 Jahre altes Wissen festgehalten.

[10] Armin Risi, s.o.

[11] Yesudian/Haich: »Yoga und Schicksal«, Drei-Eichen-Verlag, München 1972, S. 69.

[12] Georg Biron: »Die geistlose Suche nach der Seele«, in: Esotera, Verlag Hermann Bauer, Freiburg Nr. 2/97, S. 20.

[13] Rainer Holbe: »Phantastische Phänomene – Den großen Rätseln auf der Spur«, Herbig-Verlag, München 1993, S. 84 und 85.

[14] Im Duden ist unter Morphogenese zu lesen: »die individuelle und stammesgeschichtliche Entwicklung der Gestalt der Organismen und ihrer Organe«.

[15] Ervin Laszlo: »Wissenschaft und Wirklichkeit«, Insel-Verlag, Frankfurt a. M. 1994, S. 89.

[16] Ulrich Schnabel: »Herr und Hund, morphisch – Der britische Forscher Rupert Sheldrake erhebt die Telepathie zur Wissenschaft für alle«, in: Zeit Punkte, Zeitverlag Gerd Bucerius, Hamburg Nr. 4/97, S. 62.

[17] Yesudian/Haich, s.o.

[18] Dr. Chet B. Snow: »Zukunftsvisionen der Menschheit«, Ariston-Verlag, Genf 1991, S. 100.

[19] Als Santiner ist Ashtar Sheran im Sternbild des Alpha Zentauri, auf dem Metharia-Stern, der 4,3 Millionen Lichtjahre von der Erde entfernt ist, beheimatet. Die Santiner sind Wesen von ungefähr 1,50 Meter Größe, die nach irdischer Zeitrechnung zwischen 300 und 350 Jahre alt werden. Mit Ashtar Sheran an der obersten Spitze besitzen die Santiner die Kontrolle über viele Sterne und Planeten innerhalb des Kosmos; zudem ist Sheran Leiter des »Ashtar-Kommandos«.

[20] Ufo-Tatsachenbericht von Ashtar Sheran: »Vor der Landung«, Hrsg. Medialer Forschungskreis Schwalenberg, S. 9.

Kapitel 4

[21] Dazu gehören die Planeten, Planetoiden, Kometen, Sternschnuppenansammlungen und Sterne, die sich im Anziehungsbereich der Sonne befinden und sich auf einer bestimmten Umlaufbahn um sie herumbewegen. Zum Sonnensystem der Erde gehören z. B. Mond, Mars, Jupiter oder Saturn. Im Kosmos gibt es zahlreiche unterschiedliche Sonnensysteme. Das höchste ist das der Zentralsonne.

[22] A. T. Mann: »Prophezeiungen zur Jahrtausendwende«, Goldmann-Verlag, München 1996, S. 37.

[23] parapsychisch heißt: übersinnlich.

[24] Chet B. Snow, s.o., S. 60.

[25] s.o., S. 62.

[26] W. & Th. Gauch-Keller: »Aufruf an die Erdbewohner«, 1992, S.40.

[27] Peter Schlapp: »Astrologische Prognosen zur Jahrtausendwende«, Ebertin-Verlag, Freiburg 1997, S. 90f.

[28] s.o., S. 88.

[29] s.o., S. 97.

Kapitel 5

[30] Paco Rabanne: »Der neue Nostradamus – Das Ende unserer Zeit«, Herbig-Verlag, München 1994, S. 46.

[31] Chet B. Snow, s.o., S. 74f, darin: Frank Waters: »Das Buch der Hopi«, Diederichs-Verlag, Köln 1980.

[32] s.o., S. 87.

[33] A. T. Mann, s.o., S. 207f. darin: Steven McFadden: »Profiles in Wisdom«, Santa Fe/New Mexico 1991, S. 223.

[34] Peter Lemesurier: »Nostradamus – Prophezeiungen bis 2050«, Econ-Verlag, Düsseldorf 1996, S.97.

[35] Jan v. Helsing, s.o., S. 116, darin: Gottfried von Werdenberg: »Vision 2004«, Eigenverlag.

[36] W. & Th. Gauch-Keller, s.o., S. 34.

[37] Stephan Berndt: »Prophezeiungen zur Zukunft Europas«, G.-Reichel-Verlag, Weilersbach 1997, S. 11.

[38]Peter Lemesurier, s.o., S. 137.
[39] s.o., S. 147.
[40] Jan v. Helsing, s.o., S. 121, darin: B. Bouvier: »Die letzten Siegel«, Ewert-Verlag, Lathen 1996.
[41] Peter Lemesurier, s.o., S. 223.
[42] Stephan Berndt, s.o., S. 23.
[43] s.o., S. 41.
[44] s.o., S. 41f.
[45] Jan v. Helsing, s.o., S. 143, darin: Stockert: »Voraussagen-Prophetien«, Selbstverlag, München 1971, S. 25.
[46] s.o., S. 155, darin: A. Hübscher: »Die große Weissagung«, München 1952, S. 64.
[47] s.o., S. 156, darin: W. J. Bekh: »Das dritte Weltgeschehen«, München 1980, S. 114.
[48] Paco Rabanne, s.o., S. 21f.
[49] s.o., S. 162, darin: W. J. Bekh, s.o., S. 113f.
[50] Stefan Berndt, s.o., S. 27.
[51] s.o., S. 29.
[52] N. Alexander Centurio: »Die großen Weissagungen des Nostradamus«, Goldmann-Verlag 1977, S. 114f.
[53] Jacob Lorber in: Jan v. Helsing, s.o., S. 213, darin: Bernhard Bouvier, s.o.
[54] Jan van Helsing, s.o., S. 190, darin: Lueken, Veronika, »Our Lady of the Roses, Mary, help of Mothers«, Lensing 1981.
[55] s.o., S. 208, darin: Zeitzeichen, Adelmannverlag, Nr. 9, S. 2.
[56] s.o., S. 193, darin: W. J. Bekh: »Am Vorabend der Finsternis«, Pfaffenhofen 1988, S. 228 – 240.
[57] Johannes-Offenbarung, 6,12-16 und 8,10-12.
[58] Hermann Ilg: »Wenn die Not am größten ...«, Buchdienst E. Diem, Leonberg 1984, S. 15.
[59] W. und Th. Gauch-Keller, s.o., S. 28.
[60] Edgar Cayce in: Chet B. Snow, s.o., S. 101.
[61] N. Alexander Centurio, s.o., S. 122.
[62] Hermann Ilg, s.o., S. 18.
[63] W. & Th. Gauch-Keller, s.o., S. 56.
[64] Hermann Ilg, s.o., S. 17.
[65] Johannes-Offenbarung, 13, 3b-8.

Kapitel 6

[66] Dr. Chet B. Snow führte die von der Psychologin Dr. Helen Wambach entwickelten Progressionsseminare weiter. Progression bedeutet soviel wie Fortschritt, Weitergehen. In diesen Seminaren wurden Versuchspersonen im Trancezustand in ein zukünftiges Leben versetzt.
[67] Chet B. Snow, s.o., S. 112.
[68] S.o., S. 127.
[69] S.o., S. 137.

Kapitel 7

[70] Michael Hesemann: »Geheimsache Fatima«, Bettendorfsche Verlagsanstalt, München 1997, S. 159.
[71] s.o.

Kapitel 8

[72] Annette und Hans Boes: »Sanfte Entschleunigung – Ein verkehrspolitisches Szenario aus dem Jahr 2018«, in: Zukünfte, Hrsg.: Sekretariat für Zukunftsforschung, 5. Jg., Nr. 14, 12/95, S. 35.
[73] Reinhard Loske und Volker Jung: »Zukunftsfähiges Deutschland?«, in: Zukünfte, s.o., S. 30.

Kapitel 9

[74] Jan v. Helsing, s.o., S. 256 f. darin: Dr. F. W. Sumner: »Das kommende Goldene Zeitalter«.
[75] Barbara Marciniak: »Boten des neuen Morgens«, Hermann-Bauer-Verlag, Freiburg 1996, S. 44.
[76] Manche Menschen spüren, sobald sie einen Raum betreten, daß

Personen anwesend sind, die sich zum Beispiel gestritten haben. Die Luft ist dick, wie zum Schneiden.

Kapitel 10

[77] Ufo-Tatsachenbericht von Ashtar Sheran: »Von Stern zu Stern«, s.o., S. 31.
[78] Im Duden steht zu Astralleib: »(unsichtbarer) Leib der höchsten, geistigen Stufe; Seelenleib; den Tod überdauernder unsichtbarer Leib des Menschen; ätherisch gedachter Träger des Lebens im Körper des Menschen.«
[79] Siehe dazu Kapitel 5 »Der Blick in die Zukunft«.
[80] Unter Dematerialisation versteht man das Verschwinden eines materiellen, zum Beispiel eines menschlichen Körpers. Materialisation bedeutet soviel wie Verstofflichung. Im Brockhaus steht dazu: »Eine angebliche körperliche Erscheinung in Form einer nebelartigen Masse.«
[81] W. & Th. Gauch-Keller, s.o., S. 51.
[82] Ufo-Tatsachenbericht von Ashtar Sheran: »Der Menschheit große Stunde«, s.o., S. 19.

Kapitel 11

[83] Chet B. Snow, s.o., S. 60.
[84] s.o., S. 248.
[85] W. & Th. Gauch-Keller, s.o., S. 30.
[86] Ufo-Tatsachenbericht von Ashtar Sheran: »Von Stern zu Stern«, s.o., S. 30.
[87] Stefan Berndt, s.o., S. 246.
[88] Bibel, Altes Testament, Jesaja, 26,20-21.
[89] Alois Irlmaier in: Jan v. Helsing, s.o., S. 206f. darin: W. J. Bekh: »Das dritte Weltgeschehen«, s.o.
[90] Stefan Berndt, s.o., S. 246.

Kapitel 12

[91] Elmar Gruber: »Was ist New Age?«, Herder-Verlag, Freiburg 1987, S. 9.
[92] André Malraux, französischer Schriftsteller und Politiker, 1901 – 1976.
[93] Peter Schlapp, s.o., S. 88.

Kapitel 13

[94] Für die Chronologie wurden die Bücher von Stephan Berndt, s.o. und von Jan v. Helsing, s.o. mit verwertet.

€ 1,50